U0691547

数字经济下产业发展与市场营销创新研究

贾月伟　熊国红　杨秋月 ◎著

 中国出版集团　现代出版社

图书在版编目（CIP）数据

数字经济下产业发展与市场营销创新研究 / 贾月伟，
熊国红 , 杨秋月著 . — 北京 : 现代出版社 , 2023.10
ISBN 978-7-5231-0544-3

Ⅰ . ①数… Ⅱ . ①贾… ②熊… ③杨… Ⅲ . ①信息产
业 — 产业发展 — 研究 — 中国②信息产业 — 市场营销学 — 研
究 — 中国 Ⅳ . ① F492.3

中国国家版本馆 CIP 数据核字 (2023) 第 179841 号

数字经济下产业发展与市场营销创新研究

作　　者	贾月伟　熊国红　杨秋月
责任编辑	刘　刚
出版发行	现代出版社
地　　址	北京市朝阳区安外安华里 504 号
邮　　编	100011
电　　话	010-64267325　64245264（传真）
网　　址	www.1980xd.com
电子邮箱	xiandai@cnpitc.com.cn
印　　刷	北京四海锦诚印刷技术有限公司
版　　次	2024 年 4 月第 1 版　2024 年 4 月第 1 次印刷
开　　本	185mm×260mm　　1/16
印　　张	11
字　　数	246 千字
书　　号	ISBN 978-7-5231-0544-3
定　　价	68.00 元

前　言

以大数据、互联网为代表的新一轮信息技术革命催生了新的经济形态，即基于数字技术使数据转化为生产要素或者直接生产数字产品和服务的数字经济。总体上，数字经济虽然处于发展的初级阶段，但已充分显示出改变传统经济发展规律、模式、组织形态的力量，不仅影响各国经济发展走势，而且有可能重塑各国的竞争优势，加速全球产业发展和产业布局的调整。

市场营销作为企业"产—供—销"的末端环节，直接面向终端市场，其市场竞争力直接影响着企业发展动力。所以，在大数据时代的大势所趋下，产业发展与市场营销领域该如何抓住机遇，是我们需要重点研究的内容。目前，国内外市场上已有很多大数据或者市场营销的书籍，也有一些精准营销、大数据营销方面的文献成果，但对大数据时代下市场营销与传统市场营销的具体差异是什么，并没有进行很好的研究与总结；对大数据到底怎样影响传统市场营销及影响了哪些方面更缺乏研究；借助大数据技术，传统市场营销究竟有哪些创新，作为市场营销部门和人员该如何利用这些创新获得大数据的潜在价值，同时维护好信息安全管理，对这些问题都没有进行很好的分析与探索。

本书就以上问题展开了讨论，书中从数字经济的基础理论入手，主要针对数字经济概述、数字经济发展的重要意义、数字经济的供给侧与需求侧特征、数字经济下供求互动重塑竞争优势、数字经济发展的战略决策、数字经济下的产业变革和轻型升级，及社会化媒体营销和CRM营销创新等内容做了介绍，条理清晰，内容精练，重点突出，选材新颖，具有实用性、综合性，希望通过本书能给从事相关行业的读者带来一些参考和借鉴。

目　录

第一章 数字经济的基础理论

第一节 数字经济概述

数字经济（Digital Economy）的蓬勃发展，给经济社会带来了颠覆性影响。数字经济是继农业经济、工业经济之后的一种新的经济社会发展形态。无论是从生产组织形式，还是从生产要素等方面来看，数字经济都是一种与农业经济、工业经济截然不同的经济形态。

一、数字经济的概念

（一）数字经济的定义

早在 20 世纪 90 年代，数字经济的提法就已经出现。被称为"数字经济之父"的美国经济学家唐·塔普斯科特（Don Tapscott）在 1996 年出版了一本名为《数字经济：智力互联时代的希望与风险》的著作，该书详细论述了互联网对社会经济的影响。数字经济的概念由此进入理论界和学术界的研究视野。继而，美国学者曼纽尔·卡斯特的《信息时代：经济、社会与文化》、尼古拉斯·尼葛洛庞帝（Nicholas Negroponte）的《数字化生存》等著作相继出版，数字经济的提法在全世界流行开来。从国家、政府和政府组织层面来说，数字经济的概念也是在 20 世纪 90 年代，最早由经济合作与发展组织提出的。此后，各国政府便采取措施将数字经济作为推动经济增长的新动能。

一般认为，数字经济分为狭义和广义。狭义的数字经济是指完全或者主要由基于数字产品或服务的商业模式的数字技术所引起的那部分产出，即核心部门或者数字部门，包括软件制造、信息服务等行业；广义的数字经济——数字化经济（Digitalized Economy），包括一切基于数字技术的经济活动，即除了狭义的数字经济，还包括工业 4.0、精准农业、电子商务等。这种定义虽然界限模糊，但是足以将未来涌现的基于数字技术的新业态纳入。中国信息通信研究院将数字经济分为数字经济基础部分（包括电子信息制造业、信息通信业以及软件服务业等）和数字经济融合部分（将数字技术应用到制造业、服务业等传统行业所增加的产出），这种分类方法得到许多学者和研究机构的认同。

（二）数字经济与相关概念的区别和联系

20世纪90年代以后，信息技术对整个社会产生的影响随着科技发展的脚步逐步加深，而人们对信息技术融入经济与社会这一过程的定义，在不同的发展阶段产生了不同的概念。除了早期的"信息经济"和"数字经济"外，还存在网络经济、知识经济等概念。这些概念产生于数字经济发展的不同阶段，分别反映出不同时期人们对信息技术引起的社会变革的不同角度的理解。这些概念在定义和内涵上有细微的差别，但它们都是在描述信息技术对人类社会经济活动产生的影响与革新。

1. 信息经济

信息经济是一种日益强调信息活动和信息产业重要性的经济。信息经济是指以生产、获取、处理和应用信息为主的经济。20世纪80年代，美国经济学家保尔·霍肯（Paul Hawken）在《未来的经济》中明确提出信息经济的概念，并描述信息经济是一种以新技术、新知识和新技能贯穿于整个社会活动的新型经济形式，其根本特征是在经济运行过程中，信息成分大于物质成分，而且占主导地位，还有信息要素对经济的贡献。信息经济可以从微观和宏观角度理解。宏观信息经济研究信息作为生产要素的特征、功能以及对经济系统的作用条件和作用规律，它同知识经济相通，属于同一个范畴；微观信息经济是分析信息产业和信息产品的特征、在整个国民经济中的地位和比重以及信息对国民经济的贡献，强调的是信息产业部门经济。

信息经济是与数字经济最相似的概念，也是引起最广泛研究的概念之一。事实上，二者既存在时间上的顺承关系，也存在显著的内涵差异。

一方面，数字经济由信息经济发展而来，是信息经济发展的高级阶段。20世纪中叶，微电子技术和集成电路水平的提升，加上信息存储基础设施的突破，即第二代晶体管电子计算机的发明，极大地提高了信息和知识的存储能力。20世纪50年代，数字技术扩散至其他领域，在其他产业的应用与融合过程中，对产业结构和经济社会发展产生了深远影响。彼得·德鲁克（Peter F.Drucker）将其称为信息经济，丹尼尔·贝尔（Daniel Bell）将其称为超工业社会。1962年，弗里兹·马克卢普（Fritz Machlup）基于20世纪50年代的数字技术背景，将向市场提供信息产品或信息服务的企业视为重要的经济部门，并提出了"第一信息部门"的概念。该概念的使用伴随数字技术在经济社会的渗透被逐步认可，概念的内涵也随之不断丰富。20世纪七八十年代，在集成电路的规模化、微型处理器的出现等条件下，数字技术与其他产业部门的融合进入加速阶段，新现象的出现进一步丰富了信息部门的内涵。因此，在1987年，马克·波拉特（M.U.Porat）提出了"第二信息部门"的概念，认为除了直接向市场提供信息产品和服务的第一信息部门，同时存在把信息劳务和资本仅作为投入，并不直接进入市场的第二信息部门，将信息部门的外延进一步延伸至融合了信息产品和服务的其他经济部门。此时，数字经济与其他经济部门出现融合趋势，进一步深化了对经济社会的影响。同年，对信息经济的理论研究更加丰富，除理论概念的创新，还建立了信息经济的测算体系。

另一方面，数字经济在技术基础、经济拉动、产业变革和社会变革等方面都呈现出与信息经济不同的特征。20世纪八九十年代，互联网技术日益成熟，生成了全球范围的海量数据，对原有基于分散的终端进行数据处理的能力形成了极大挑战，促使数字技术新特征的发展。20世纪末，大数据、云计算等新兴数字技术发展迅猛，带动数字技术从信息产业外溢，在促进传统产业数字化的同时，也催生了新的产业和新的经济运行模式。数字化产业和产业数字化现象超越了之前学者提出的"第一信息部门"和"第二信息部门"的范畴。尼葛洛庞帝基于上述背景，预见性地在其出版的《数字化生存》一书中，提出"数字化"。1996年唐·塔普斯科特（Don Tapscott）在《数字经济：智力互联时代的希望与风险》一书中提出数字经济概念，预见性地提出美国信息高速公路普及之后将出现新的经济体制，宣告数字经济时代的到来。进入21世纪，数字经济的概念不断传播，被广泛接受和使用。经济合作与发展组织（OECD）的相关研究报告开始使用"数字经济展望"取代了之前的通信展望、互联网经济展望和信息与通信技术展望。从信息经济概念到数字经济概念使用上的变化，体现了数字经济的发展演化过程，在数字技术在经济部门更加广泛的渗透、应用及融合的背景下，数字经济将以更广泛、更深入、更高级的方式为经济社会的发展带来更为深刻的变革。

2. 网络经济

"网络经济"又称互联网经济，是信息网络化时代产生的一种崭新的经济现象。网络经济兴起于20世纪90年代中期，经历千禧年前后的互联网泡沫之后进入蓬勃发展阶段，并从网络宽带逐渐发展到移动互联网的新阶段。广义上理解，网络经济是指基于互联网进行的以资源的生产、分配、交换和消费为主的新形式经济活动。在当今发展阶段中，主要包括电子商务、即时通信、搜索引擎、网络游戏等形态。在网络经济的形成与发展过程中，互联网的广泛应用及电子商务的蓬勃兴起发挥了举足轻重的作用。互联网是网络经济存在的基础条件，电子商务是其核心。这主要是由于网络经济是伴随国际互联网的发展而产生的，因此围绕国际互联网发展起来的一些新兴行业是网络经济不可缺少的一部分。在互联网经济时代，经济主体的生产、分配、交换和消费等经济活动以及金融机构与政府职能部门等主体的经济行为，都越来越多地依赖网络，从网络上获取大量经济信息，依靠网络进行预测和决策以及直接在信息网络上进行交易。国际互联网的发展改变了过去传统的交易方式，使国际互联网成为传统经济一个便捷的交易平台，因此原来通过传统方式进行的交易活动演变成通过国际互联网进行的交易活动，即电子商务，应当将其视为网络经济的重要组成部分。

3. 知识经济

20 世纪以来，知识经济与数字经济都引起了人们的广泛关注，并且在相当长的时间内被认为有替代性。知识经济是以知识为基础的经济，直接依赖于知识和信息的生产、传播与应用。该报告将知识经济定义为建立在知识的生产、分配和使用（消费）之上的经济。其所述内容包括人类迄今为止所创造的一切知识，最重要的部分是科学技术、管理及行为科学知识。从生产要素的角度看，知识要素对经济增长的贡献高于土地、劳动力、资本等，因而"知识经济"是一种以知识为基础要素和增长驱动器的经济模式。

数字经济与信息经济、网络经济、知识经济之间的确存在差异。信息经济强调信息技术相关产业对经济增长的影响；网络经济强调互联网进行的以资源生产、分配、交换和消费为主的经济活动；知识经济强调以知识作为基础要素在经济发展中的作用；数字经济则突出表现在整个经济领域的数字化。数字经济以信息通信技术的重大突破为基础，以数字技术和实体经济融合驱动的产业梯次转型及经济创新发展为引擎，其概念与范畴、特征与边界、运行机理与架构等均产生了质的飞跃。随着新一代信息技术的颠覆式创新与融合式发展，当前发展数字经济的重点不是以阿里巴巴、腾讯等企业为代表的互联网企业，而是已经转变为推动互联网、大数据、人工智能和实体经济深度融合。数字经济绝不是特指少数互联网领军企业，而是要大力推进全产业、全主体、全要素、全业务、全渠道的数字化转型。

知识经济的产生是人类发展过程中知识积累到一定程度的结果，并最终孕育了信息技术和互联网的诞生。同时，信息技术和互联网的广泛应用更加促进人类知识的积累，并加速人类向数字时代过渡。知识的不断积累是当今世界变化的基础；信息产业、网络经济的蓬勃发展是当代社会发生根本变化的催化剂；数字经济则是发展的必然结果和表现形式。由此可见，这几个概念相辅相成、一脉相传。

二、数字经济的特点

数字经济作为一种有别于农业经济和工业经济的新型经济形态，其呈现出一些传统经济所不存在的独有特点，具体表现在以下五个方面。

（一）数字化

数字经济时代，一切信息均以数字化形式表达、传送和储存，数据成为驱动经济发展的关键生产要素。从生产要素来看，农业经济的核心要素是土地，工业经济的核心要素是资本、煤炭、石油，而数字经济的核心要素则是数据。数字经济领域时刻有海量数据产生，而且随着移动互联网和物联网的蓬勃发展，人与人、人与物、物与物的互联互通得以实现，数据资源、数据量呈几何级数爆发式增长。数据是驱动数字经济技术创新与模式创新的核心力量，对数据的分析、挖掘与利用，可以释放巨大价值，数据日益成为重要战略资源和新型生产要素。

（二）智能化

智能化是指事物在互联网、大数据、物联网、人工智能等技术支撑下能动地满足人类需求的属性。智能化的实现依赖于算法，算法是计算机程序运行的一系列规则，作为构建平台的底层技术要素，定价算法、推荐算法等被广泛运用于电子商务、新闻媒体、交通、医疗等各领域。

近年来，人工智能研究在多个领域实现突破，数字经济进入以智能化为核心的发展阶段。目前，其商业模式还主要集中在单一的弱人工智能应用上，包括语音识别、自动驾驶、机器人写稿、图像识别、医疗辅助等诸多领域，具有代表性的公司有谷歌、百度、科大讯飞、阿里巴巴、苹果等。未来，智能化技术发展将对数字经济发展产生质变效应，推动人类生产生活方式的新变革。

利用共享时代的优势，加快传统企业的数字化转型，将是未来所有企业的核心战略。在共享时代利用个人、企业、政府甚至社会的闲置资源，依靠互联网、大数据、云计算等数字技能，推动传统企业向数字化转型发展。传统企业依靠"互联网＋企业"的模式，应用数据化思维建立连接内外资源、协作共享的机制，通过建立数字化的协同平台以及资源、财务、法务共享平台，实现互联互通，做到精细化管理，最终实现传统企业的智能化发展。

（三）平台化

互联网平台模式是数字经济的重要组织形式。平台是一种居中撮合、连接两个或多个群体的市场组织，其主要功能是促进不同群体之间的交互与匹配。平台具有跨界网络效应，即一个平台产品或服务对用户的价值取决于平台另一边用户的规模。依托"云网端"新基础设施，互联网平台创造了全新的商业环境。信息流不再被工业经济供应链体系中的巨头所阻隔，供应商和消费者的距离大大缩短，沟通成本大大降低，直接支撑了大规模协作的形成。

（四）共享化

首先，共享时代要求数字资源具有共享性。数字经济的一大发展方向应当是不断拓展数字信息资源，发展关于数字技术的集成、存储、分析以及交易业务，在共享时代下释放数字技术资源的新价值。其次，共享时代需要数字技术与产业融合发展，以便创造出更多的商业发展模式。数字技术与产业融合成为数字经济的重要发展方向，通过产业融合，实现产业数字化、智能化，产业的边界逐渐模糊，最终形成产业开放化发展以及产业间价值网络转型升级。最后，共享时代要求数字经济发展具有强大的服务功能，由此才能带动对共享商业模式的更多需求。融合服务业与数字技术发展的服务型数字产业是共享时代数字经济发展的重要方向，也体现出数字经济在共享时代的应用性，以数字技术为基础的数字金融、智能支付、智慧物流、智慧健康、电子商务、数字信息服务等服务型数字产业将在共享时代迅猛发展。

（五）跨界融合

随着数字经济的发展，跨界融合的特点日益突出。一是供给方和需求方的界限日益模糊，逐渐成为融合的"产销者"。在供给方面，企业可以通过大数据技术挖掘用户需求、分析用户的消费行为和习惯，有针对性地开发产品，如可以借助 3D 打印技术实现完全个性化的设计和生产。在需求方面，透明度增加、消费者参与和消费新模式的出现，使企业不得不改变原来的设计、推广和交付方式。二是人类社会网络世界和物理世界日益融合。随着数字技术的发展，网络世界不再仅仅是物理世界的虚拟影像，而是真正进化为人类社会的新天地，成为人类新的生存空间。同时，数字技术与物理世界的融合，也使现实物理世界的发展速度向网络世界靠近，人类社会的发展速度将呈指数级增长。网络世界和物理世界融合主要是靠信息物理系统（CPS）实现的。该系统包含了无处不在的环境感知、嵌入式系统、网络通信和网络控制等系统工程，使我们身边的各种物体具有计算、通信、精确控制、远程协助和自组织功能，使计算能力与物理系统紧密结合与协调。同时，随着人工智能、虚拟现实（VR）、增强现实（AR）等技术的发展，物理世界、网络世界和人类社会之间的界限逐渐消失，构成一个互联互通的新世界。

第二节　数字经济发展的重要意义

一、中国发展数字经济的优势

经过多年的发展，我国发展数字经济所依托的基础软硬件技术和产业取得了较大进展。目前，中国发展数字经济有着自身独特的优势和有利条件，起步很快，势头良好，在多数领域开始形成与先行国家同台竞争、同步领跑的局面，未来在更多的领域存在领先发展的巨大潜力。中国发展数字经济的独特优势突出表现在三个方面：人口优势、后发优势和制度优势。

（一）网民优势孕育了中国数字经济的巨大潜能

1. 网民大国红利日渐显现，使数字经济体量巨大

近年来，一方面，中国人口发展出现了拐点，即劳动力人口连续下降，人口老龄化程度加深，使支持中国经济发展的"人口红利"在逐渐丧失。但另一方面，中国的网民规模却逐年攀升，互联网普及率稳健增长，网民大国红利开始显现。

2. 信息技术赋能效应显现，使数字经济空间无限

近年来，信息基础设施和信息产品迅速发展，信息技术的赋能效应逐步显现，为数字经济带来无限创新空间。以互联网为基础的数字经济解决了信息不对称的问题，边远地区的人们通过互联网、电子商务就可以了解市场信息，学习新技术、新知识，实现创新、创业，获得全新的上升通道。基于互联网的分享经济还可以将海量的碎片化资源（如土地、房屋、产品、劳力、知识、时间、设备、生产能力等）整合起来，满足多样化、个性化的社会需求，使全社会的资源配置能力和效率都得到大幅提升。当每一个网民的消费能力、供给能力、创新能力都进一步提升并发挥作用时，数字经济将迎来真正的春天。

3. 应用创新驱动，使人口优势有效发挥

当前，数字经济发展已从技术创新驱动向应用创新驱动转变，中国的网民优势就显得格外重要。庞大的网民和手机用户群体，使中国数字经济在众多领域都可以轻易在全球排名中拔得头筹。

（二）后发优势为数字经济提供了跨越式发展的特殊机遇

1. 信息基础设施建设实现了跨越式发展

中国的电话网铜线还没有铺设好就迎来了光纤通信时代，固定电话还没有普及就迎来了移动通信时代，固定宽带尚未普及就直接进入了全民移动互联网时代。

2. 信息技术应用正在经历跨越式发展

中国数字经济的发展是在工业化任务没有完成的基础上开始的，工业化尚不成熟降低了数字经济发展的路径依赖与制度锁定。工业化积累的矛盾和问题要用工业化的办法去解决，这十分困难也费时较长，但有了信息革命和数字经济就不一样了。工业化的诸多痛点遇到数字经济就有了药到病除的妙方，甚至可以点石成金、化腐朽为神奇。中国的网络购物、网络约租车、分享式医疗等很多领域能实现快速发展，甚至领先于许多发达国家，在很大程度上也是由于这些领域的工业化任务还没有完成，矛盾突出，痛点多，迫切需要数字经济发展提供新的解决方案。在制造业领域，工业机器人、3D 打印机等新装备、新技术在以长三角、珠三角等为主的中国制造业核心区域的应用明显加快，大数据、云计算、物联网等新的配套技术和生产方式开始得到大规模应用。多数企业还没有达到工业 2.0、工业 3.0 水平就迎来了以智能制造为核心的工业 4.0 时代。可以说，数字经济为中国加速完成工业化任务、实现"弯道超车"创造了条件。

3. 农村现代化跨越式发展趋势明显

农村电商的快速发展和"淘宝村"的崛起，吸引了大量的农民和大学生返乡创业，人口的回流与聚集也在拉动农村生活服务水平的改善和提升，释放的数字红利也为当地发展提供了内生动力。现在，网购网销在越来越多的农村地区成为家常便饭，网上学习、手机订票、远程医疗服务纷至沓来，农民们开始享受到前所未有的实惠和便利。正是因为有了数字经济的发展，许多农村地区从农业文明一步跨入信息文明，农民的期盼也从"楼上楼下，电灯电话"变成了"屋里屋外，用上宽带"。

4. 信息社会发展水平相对落后，为数字经济发展预留了巨大空间

信息社会发展转型期也是信息技术产品及其创新应用的加速扩张期，为数字经济大发展预留了广阔的空间。目前，中国电脑普及率、网民普及率、宽带普及率、智能手机普及率、人均上网时长等都还处于全球中位水平，发展空间巨大，未来几年仍将保持较快增长。

（三）制度优势为数字经济发展提供了强有力保障

中国发展数字经济的制度优势在于强有力的政治保障、战略规划、政策体系、统筹协调和组织动员。这为数字经济的发展创造了适宜的环境，带动整个中国经济社会向数字经

济转变。

1. 组织领导体系基本健全提供了政治保障

中央网络安全和信息化委员会的成立标志着中国信息化建设真正上升到了"一把手工程"，信息化领导体制也随之基本健全。建设网络强国、发展数字经济已形成全国共识。各级领导和政府部门对信息化的高度重视，为数字经济的发展提供了重要的政治保障。

2. 制定形成了较为完整的政策体系

中国围绕信息化和数字经济发展密集出台了一系列政策文件，包括"互联网+"行动、宽带中国、大数据战略、信息消费、电子商务、智慧城市、创新发展战略等。各部门各地区也纷纷制订出台了相应的行动计划和保障政策。中国信息化政策体系在全球也可以称得上是最健全的，也体现出国家对发展数字经济的决心之大、信心之足和期望之高。更为重要的是，中国制度优势有利于凝聚全国共识，使政策迅速落地生根，形成自上而下与自下而上推动数字经济发展的大国合力。

二、中国发展数字经济的必要性

当前，数字经济正成为我国经济发展的重要驱动力量。发展数字经济对适应和引领经济发展新常态、中国转型发展、贯彻落实新的发展理念、培育新的经济增长点具有重要的促进作用，同时也是落实网络强国战略的重要内容。

（一）中国发展数字经济是贯彻五大发展理念的集中体现

数字经济本身是新技术革命的产物，是新的经济形态、新的资源配置方式和新的发展理念，集中体现了创新的内在要求。数字经济减少了信息流动障碍，加速了要素流动，提高了供需匹配效率，有助于实现经济与社会、区域之间的协调发展。数字经济能极大地提升资源的利用率，是绿色发展的最佳体现。数字经济最大的特点就是基于互联网，而互联网的特性是开放共享。数字经济是推动高质量发展的重要支撑。数字经济的发展以数据作为关键生产要素，将有效驱动劳动力、资本、土地、技术、管理等要素实现网络化共享、集约化整合、协作化开发和高效化利用。我国经济已由高速增长阶段转向高质量发展阶段。推动互联网、大数据、人工智能和实体经济深度融合，大力发展数字经济，是加快新旧动能转换、建设现代化经济体系、推动高质量发展的重要举措。

（二）数字经济是构建信息时代国家竞争新优势的重要先导力量

随着数字经济的发展，信息时代的核心竞争能力表现为一个国家和地区的数字能力、信息能力和网络能力。中国发展数字经济有着自身独特优势和有利条件，在多数领域已形成与先行国家同台竞争、同步领跑的局面，未来在更多的领域都将有领先发展的巨大潜力。当前，欧美等发达国家都将发展数字经济提升到国家战略高度，如美国的工业互联网、德国的"工业4.0"、日本的机器人新战略、欧盟地区的数字经济战略等。面对新一轮互联网信息化革命浪潮，我国政府也根据基本国情和整体需要，提出"网络强国"的发展战略，积极推进"数字中国"建设，从而使数字经济上升到国家层面。数字化工具、数字化生产、数字化产品等数字经济形态快速崛起，成为新常态下我国经济结构转型升级和经济发展的新动能。数字经济是经济一体化的重大机遇。随着世界经济结构经历深刻调整，许多国家都在寻找新的经济增长点，以期在未来发展中继续保持竞争优势，更有效地提高资源利用效率和劳动生产率。全球范围内，数字经济对全球经济增长的引领带动作用不断显现。发展数字经济已在国际社会凝聚了广泛共识，为促进加深各国务实合作，构建以合作共赢为核心的新型国际关系提供了重大机遇。

（三）发展数字经济是推进供给侧结构改革的重要抓手

以新一代信息技术与制造技术深度融合为特征的智能制造模式，正在引发新一轮制造业变革，数字化、虚拟化、智能化技术将贯穿产品的全生命周期，柔性化、网络化、个性化生产将成为制造模式的新趋势，全球化、服务化、平台化将成为产业组织的新方式。数字经济在农业领域中不断引领农业现代化，开启数字农业、智慧农业等农业发展新模式。在服务业领域，数字经济的影响与作用已经很好地体现出来，电子商务、互联网金融、网络教育、远程医疗、网约车以及在线娱乐等已经使人们的生产生活发生了极大改变。我国产业成本持续走高，但产业效率却很低，数字化转型需求日益迫切。中国产业高质量发展亟须由要素驱动转向创新驱动，加快数字化转型是必然选择。

随着全球信息化步入全面渗透、跨界融合、加速创新、引领发展的新阶段，我国也借势深度布局，大力推动数字经济的发展。中国特色社会主义已经进入新时代，中国经济已由高速增长阶段转向高质量发展阶段。推动数字经济蓬勃发展，对拓宽我国经济发展空间、培育发展新动能、满足人民日益增长的美好生活需要，都具有极为重要的意义。

三、数字素养与数字经济的学科支撑体系

（一）数字素养是21世纪人才的首要技能

随着信息技术的发展和数字工具的普及，数字素养已成为21世纪公民参与经济和社会生活的必备技能。数字时代对人才的要求不仅满足于专业技能，数字技术已成为各行业人才不可或缺的一项基本素质。

美国学者保罗·吉尔斯特（Paul Gilster）在 1997 年提出数字素养主要包括获取、理解与整合数字信息的能力，具体包括网络搜索、超文本阅读、数字信息批判与整合等技能，从而有效区分了数字素养和传统的印刷读写能力。

数字素养的内涵在实践中不断丰富、完善，以适应新的时代特征。当前，数字素养可定义为利用先进的数字技术，在信息获取、整合、评价、交流的整个过程中开发和使用数字资源，提高人们参与社会经济活动的能力。

随着数字技术向各领域渗透，劳动者越来越需要具有双重技能——数字技能和专业技能。具有较高的数字素养成为劳动者在就业市场胜出的重要因素。对消费者而言，若不具备基本的数字素养，将无法正确地运用数字化产品和服务。农业经济和工业经济，对多数消费者的文化素养基本没有要求，对劳动者的文化素养虽然有一定要求，但往往局限于某些职业和岗位。然而，在数字经济条件下，数字素养成为劳动者和消费者都应具备的重要能力。

因此，数字素养是数字时代的基本人权，是与听、说、读、写同等重要的基本能力。提高数字素养既有利于数字消费，也有利于数字生产，是数字经济发展的关键要素和重要基础。

提升数字素养，无论是对个人还是国家，都具有重要意义。对个体而言，其数字素养的高低影响着他对时代的适应能力，影响着他在海量数字化信息面前能否有效地获取信息、传递信息、享受数字媒介社会带来的便利。对国家而言，其国民数字素养也日益成为提高国民素养的一个重要组成部分，影响着这个国家国民的综合素质，民众数字素养水平直接关系到一个国家的"数字鸿沟"情况及相应的结构性失业和贫富差距问题，更关系到一个国家整体的数字经济发展水平。为了提高全民的数字素养水平，一方面，政府要与各方合作，开展面向全民的数字素养教育；另一方面，要全面强化学校的数字素养教育，提高学生的数字能力。

（二）数字经济的学科支撑体系

信息通信技术引发了信息革命，促进数字经济不断壮大。近年来，移动互联网、云计算、大数据、人工智能、物联网、区块链等计算机信息技术的突破和融合发展促进了数字经济的快速发展。此外，高级机器人、自动驾驶、3D 打印、数字标识、生物识别、量子计算、再生能源等技术也将成为未来的重要技术，各种技术不断创新融合，以指数级速度展开，形成多种技术整体演进、群体性突破，推动着数字经济持续创新发展。

数字经济的崛起会给经济学带来什么样的影响？是否需要重建经济学理论体系？目

前，理论界存在两种截然不同的观点：一种观点认为数字经济的迅猛发展，将对传统经济学进行彻底颠覆，需要重建一套全新的经济学理论体系；另一种观点认为数字经济并没有彻底颠覆传统经济学，因为数字经济只是用互联网技术和信息技术武装起来的传统经济，因此传统经济学的一般原理和分析方法是不会改变的。这里赞同后一种观点。因为经济学是研究人的经济行为的科学，是关于人的选择的科学。与传统经济相比，在数字经济下，人们面对的选择对象更多的是与大数据相关的产品，但仍然是人在选择，因此传统的经济学理论也应该适用于数字经济的研究。反过来说，如果数字经济能对经典的经济学理论形成如此颠覆性的挑战，那么经济学理论还能被称为科学吗？

从数字经济与传统经济的关系来看，也没有建立全新的经济学体系的必要。一方面，数据要素确实能像"新石油"一样迅猛地改变世界，但数字经济不可能完全替代传统经济，二者必然是在互动中实现共同发展。如果我们仔细观察，就会发现数字经济中的许多方面都可以在旧的经济框架中找到。例如，平台经济同样是买卖双方的市场、交易的平台，同样反映供求定律和价值规律，企业同样是追求利润最大化，平台只是改变了谋求利润最大化的手段和模式，均衡分析、边际分析、产业组织理论和博弈论等分析方法仍然适用。另一方面，数字经济又有自身的规律和特点，如摩尔定律、梅特卡夫法则、共享经济、注意力经济等越来越重要，汽车和钢铁时代的货币与反垄断政策已无法适应现在的数字经济时代等。因此，目前需要解决的问题是，怎样使传统的经济学更具有解释力，以解释数字经济发展过程中出现的新现象和新问题。

但值得注意的是，对数字经济发展规律的认识和发掘是必须且急需的，现有相关学科在解释数字经济方面存在诸多不足。一方面，数字经济的发展涉及网络经济、知识经济和信息经济等诸多领域，并不是某个单一学科所能覆盖和解释的。另一方面，数字经济呈现出的新特征超越了现有理论的解释能力，例如，物联网的出现重构了人与物、物与物的连接方式，使传统经济当中重点研究的人与人的关系转向人与物、物与物的关系研究；共享经济的出现冲击了人们对网络外部性的认识，新的商业模式不断涌现，给企业组织和产业组织带来重大变革。总之，随着人们对数字经济从外部现象到内在规律认识的加深，数字经济学将逐渐形成一门新兴的经济学分支学科。

第二章　数字经济的基本原理

第一节　数字经济的供求侧与需求侧特征

数字技术以比特（bits）的形式呈现信息，有效降低了数据存储、计算和传输的成本。数字经济便是研究数字技术怎样改变经济活动的一种经济形态。了解数字技术的影响并不需要完全颠覆原有的经济学理论，而是要思考当信息是用比特而不是原子（atoms）表示时，经济活动会有什么变化。

一、产业革命推动技术经济范式变革

所谓技术经济范式，是用来描述技术广泛渗透和应用于经济系统后，对微观企业和宏观产业产生的影响。

（一）历史上的四次技术经济范式

迄今为止，人类社会共经历了四次影响深远的技术经济范式以及随之创造的产业革命和经济变迁。历次革命性技术经济范式的创新和变迁均遵循熊彼特（美籍奥地利经济学家）提出的"破坏性创新过程"，形成各个领域（如投入、产品、产业、制度和经济）的新变迁。

第一，历次的技术经济范式都体现革命性技术创新带来的社会新财富的增长和经济潜力的释放，成为未来经济的主导力量。新技术提供的增长潜力，优化生产结构，提升生产率和质量水平，对生产和生活方式产生深刻影响，变革经济社会的组织及管理方式，并在相当长的时期内对各层面的经济结构、经济运行模式、产业组织形态、微观主体活动造成全面影响，实现产业革命和新经济格局。

第二，历次的技术经济范式不仅意味着单一的技术范式，而且其形成与完善需要伴随关键技术创新、新生产结构、新产业结构及新制度环境的匹配。新技术催生的产业革命代表了技术经济范式的开端，在新的生产、产业和制度融合应用的过程中，进一步完善新技术并促进新产业的崛起。

第三，技术经济范式变迁的速度加快。由蒸汽动力技术主导的技术经济范式历时100～200年的时间才完成从理论到技术再到产业运用的过程。而以电力技术和能源技术

为主导的技术经济范式完成同一周期的时间大大缩短。而数字技术更是在信息存储、处理、传输等方面的技术创新基础上提高更多领域的分工速度，进一步缩短周期。

第四，前三次技术经济范式的主要突破都在于扩展了前一范式的生产空间，而数字技术经济范式则不仅扩展了前一范式的生产空间，更是打破了传统生产要素有限供给对增长的约束，突破了要素在时间和空间上的局限性。

（二）数字技术经济范式

数字技术经济范式使社会发生了本质的变化，对经济产生了重塑作用，带动人类社会从工业经济进入数字经济。

第一，重塑生产方式。数据成为最重要的经济要素，数字信号较模拟信号更加清晰、逼真、成本低，为信息的创造、传输和使用创造更加有利的时间和空间条件，实现人类社会从原子到比特的进阶。

第二，重塑消费模式。数字技术的广泛应用改变着人们的社交方式、娱乐方式、通信方式和工作方式，数字技术的强大整合性，使社会经济活动依赖数字技术完成。

第三，重塑产业组织方式。一方面，数字技术经济范式催生了新的产业数字经济的基础产业，即实现了数字经济基础产业化；另一方面，数字技术经济范式改造传统技术和产业，实现产业数字化，带动并释放了传统产业的动能倍增效应。

第四，重塑技术创新模式。新技术即数字技术成为经济的通用技术，具有强烈的渗透性和网络化特征。创新周期不断加快，创新形式不断丰富。

二、数字经济的供给侧特征

（一）数据成为关键生产要素

1.数据要素的概念

这里我们要区分"大数据"与"数据要素"两个概念的差异。"大数据"具有四个特点：数据量大、种类繁多、时效高和价值低。这些特点就决定了数字经济时代中的数据就像大海一样广阔无垠，且大多难以直接利用。因此，开启数字经济时代的关键点之一，就是如何寻找有价值的数据资源以及如何挖掘其潜在的商业价值。数字经济时代将大量的数据经过提取、加工、归纳、提炼之后具有某种应用价值，能用于指导实践或商业化创新的信息或知识，可以称为"数据要素"。

人类社会进入信息化时代之后，先后经历了信息经济、网络经济和数字经济三个阶段。随着实践的进步，人们对数据、信息和知识的认识也逐步深化。为了进一步理解"数据要素"

这个概念的含义，我们沿用知识经济学中的解释，并以此为基础引出"数据要素"的概念。

（1）数据、信息和知识

所谓数据，是指一系列非随机的符号组，代表了观察、测量或事实的记录，往往采取文本、声音或图像等形式。数据本身没有意义，但它是信息的原始资料，即数据可以通过有目的性的加工处理成信息。

所谓信息，是指已被处理成某种形式的数据，这种形式对接收者具有意义，并在当前或未来的行动或决策中具有实际的、可觉察到的价值。

所谓知识，是指人类对物质世界以及精神世界探索结果的综合，是系统化、理论化、科学化和专门化的认知结论。经济合作与发展组织在 1996 年发表的《以信息为基础的经济》报告中提出"4W"知识分类体系：①知道是什么（know-what），指关于事实方面的知识；②知道为什么（know-why），指原理和规律方面的知识；③知道怎么做（know-how），指操作的能力，包括技术、技能、技巧和诀窍等；④知道是谁（know-who），包括特定关系的形成，以便可能接触有关专家，并有效地利用他们的知识，也就是关于管理的知识和能力。其中，后两种知识被称为"默会知识（tacit knowledge）"或"隐性知识"，因为相比于前两种，它们更难进行编码和测度，默会知识一般通过技巧、诀窍、个人经验、技能等实践渠道获得。知识可以看作构成人类智慧的最根本的因素。

信息与知识在本质上是有区别的。信息能很容易地被编码和传递，而知识往往比较模糊，难以编码化。知识作为人的认知能力的基础，实质上贯穿于每一个过程，包括把数据序化、整合、加工成信息，选择吸收有用的信息，或者将信息翻译成有用的知识等，这些都是一个个复杂的认知过程。只有当一个人知道如何使用信息，知道信息的含义、局限性和如何用它来创造价值的时候，才有所谓的新知识。知识与信息之间的关系是互动的，知识的产生依赖于信息，而相关信息的开发又需要知识的应用。应用信息的工具和方法也影响着知识的创造。相同的信息可以转化为不同种类的知识，这取决于分析的类型和目的。

数据、信息、知识、创新这四个基本转化过程可以视具体情况组合成简单或复杂的形式，用来详细描述知识（信息）的生产过程，即"数据—信息—知识—创新"过程。

（2）大数据与数据要素

我们正处于一个信息大爆炸时代，近几十年来，由互联网、物联网、移动终端所产生的海量数据已经超过了人类之前所产生的数据之和。从要素的价值属性上来看，将"大数据"本身作为一种新的生产要素是不合理的，应当将"数据要素"作为新的生产要素。二者的区别在于：①大数据是对社会生产、消费或生活的电子化原始记录，由移动互联网或物联网上的各个终端生产出来，总量增长迅速，数据种类繁多，时效性很高，大多不能直接利用，价值密度较低；②当使用一定数字技术在较短时间内对大量电子化数据进行收集、加工、整理、归纳和提炼以后，形成格式规范相对统一、价值密度相对较高的信息或知识的时候，可以称为"数据要素"。数据要素可以被用来指导某一领域的实践或者用于进行商业化创新。

2. 数据要素是一种高级生产要素

一种观点认为大数据时代数据规模呈指数式增长，其总量将趋近于无穷大，数据生产的边际成本为零或者趋近于零，也就是说数据是非稀缺资源。但实际上，这种观点并不准确，因为混淆了大数据和数据要素这两个概念。实际上，数字经济中人们关注的并不是杂乱无章、没有利用价值的海量数据，而是从海量数据中提取的规律性、启示性或预测性的信息或知识，这正是这里所指的数据要素的含义。

生产要素是经济学中的一个基本范畴，是指进行社会生产经营活动时所需要的各种社会资源，是维系国民经济运行及市场主体生产经营过程所必须具备的基本因素。生产要素分为初级生产要素和高级生产要素。初级生产要素是指土地、自然资源、非技术工人等，仅需要继承或者简单的投资就可以获得；高级生产要素包括高技术人才、资本、技术等，需要在人力、资本和技术上进行前期大量和持续的积累才能获得。所谓高级生产要素，是指一个经济体需要经过多年积累才能实现的、具有更高生产效率的投入要素。一般认为，自然资源和简单劳动力属于低级生产要素，因为其生产或开发并不需要很高的技术水平，容易被其他同类要素所替代，技术进步较慢，边际产出较低。而高级生产要素一般包括资本、高级劳动力、技术、卓越企业家等，其生产或开发需要耗费大量的人力、物力，且需要长期的积累才能实现，具有不易替代性、边际产出较高且容易发生效率改进。当一国的要素禀赋结构从初级生产要素转向高级生产要素时，就能建立起拥有更多话语权的竞争优势地位。

数据要素是一种高级的生产要素。随着多年信息化建设的深入推进以及移动互联网的迅猛发展，产生了源源不断的海量数据。特别是智能手机的出现，使每个消费者都成了重要的数据生产者，而以智能手机为代表的智能终端所拥有的各种传感器便是新的数据源。智能手机等设备能随时随地在需要的时候生成图像、视频、位置、健康等数据，而这些数据在 PC 时代只有靠专用设备才能生成。这样海量而杂乱无章的数据需要在很短的时间内收集、整理、加工和利用，甚至创新，这需要耗费大量的高级人力要素和资本要素。不同类型的数据要素可能有所差异，专用性较强的数据要素边际生产成本可能相对较高；而通用性较强的数据要素初始成本相对较高，而边际成本则相对较低。同时，数据要素的供给并不是无限的，受高级人力要素的制约，大数据中蕴含的信息和知识的挖掘工作仍然是有限的，而这也造成了目前诸多行业对大数据领域高级人才的需求非常旺盛，"知识付费"也逐渐成为网络主流。

值得注意的是，通过技术革命所带来的信息流动和处理方式的根本变化，在信息的传递与处理方面极大地降低了成本且提高了效率，使人类在极大程度上克服了信息传递与处理能力资源的稀缺性限制，同时也使这种资源稀缺性更集中地体现在人类自身的有限理性层面。

（二）数据要素的使用价值

数字经济通过以下四种路径对经济发展产生影响：第一，数据要素作为一种高级生产要素，具备生产性和稀缺性两个特征，当其进入生产函数之后，通过改变资本和劳动的投入结构实现成本节约，从而提升企业的产出效率；第二，信息不对称会对经济效率和竞争产生负面影响，数据要素通过降低搜寻成本缓解不完全信息问题；第三，数字产品的成本结构决定了其具有显著的规模经济特征，随着数字企业从初创期进入扩张期，对规模经济的追求将重塑企业竞争格局和产业组织形态；第四，与传统时代相比，数字技术创新周期加快，一方面通过技术创新提升了全要素生产率，另一方面通过刺激多样化、个性化的需求提升了消费水平。

1. 数据要素能缓解不完全信息问题

受限于工业时代网络空间的发展程度，经济行为主体对经济系统内各类信息的收集、整合、分类、加工和处理的能力相对有限。在数字经济时代，大数据、云计算和人工智能技术的发展大大拓展了经济行为主体获取信息的能力。一个基本的观点是线上搜寻成本低于线下搜寻成本，这是因为线上更容易搜寻和比较潜在的交易信息。数字技术带来了搜寻成本降低对价格及价格离散度、产品种类、市场匹配、平台商业和组织结构的影响。

数据的产生源自网络空间对物理和社会空间内各种关系的映射。在工业化时代，受信息技术水平的制约，网络空间和物理空间的映射关系相对松散。在数字经济条件下，通过机器学习和数据挖掘等手段，经济行为主体不仅能获取正在发生事件的数据，其在一定程度上还能对将要发生的事件进行预测。同时，经济行为主体可获得数据的维度也在不断丰富，不仅包含数字化数据，还包含大量非数字化数据（图片、图书、图纸、视频、声音、指纹、影像等）。总之，网络空间的发展和相应技术手段的进步在一定程度上消除了经济系统内信息的不完全性，使生产和服务的供求信息更加精确化，从而为网络化和生态化的创新组织方式变革奠定了基础。

在新古典经济学的分析中，一般假定决策者拥有完全信息，并由此做出生产或消费决策。但现实生活并非如此，决策者在进行任何决策的时候都面临着不完全信息的困境，以及由此带来的决策结果不确定性。在数字经济出现之前，商业和金融决策者通常使用"满意和经验法则"进行决策；而随着数字技术的创新和应用，信息的匹配更为有效，虽然不可能完全消除不完全信息问题，但能在一定程度上缓解这种困境。数据要素缓解信息不完全问题表现在以下两个方面。

（1）更有效地匹配消费者与供应商

在推销阶段，消费者数据库有利于精准定位目标群体和选择适宜的广告模式。目前，大数据和云计算已经在部分具有相当实力的公司里发挥作用，如推荐系统、预测产品需求和价值等。企业同时可以访问消费者日常操作所形成的数据库，然后检查其有效性。虽然这还没有真正在实践中广泛推广，但依然为企业直接营销到下一个层次提供了机会，大大缩小了潜在消费者的范围，使企业变得有利可图。同时，当消费者在查询信息或是浏览网站、视频时，在主页面周边或是狭窄的缝隙里自动弹出消费者近段时间曾经搜索的相关信息的增值业务。

在生产阶段，定制化服务有利于企业根据消费者偏好进行个性化生产。例如，通信业务的流量及通话套餐的选择，运营商不再强制消费者开通或购买所有业务，而是消费者根据自己的喜好和实际需求来选择定制业务，新的定价模式变得透明并能自由搭配，使消费者满意度有所提高，运营商的竞争力也有所提升。企业与客户、合作伙伴在行业之间进行意见交换在最大限度上使消费者与供应商更加匹配。

在售后阶段，数字化资源库为供应商和消费者提供了有效的正反馈渠道。消费者可以很容易地通过点击鼠标或点击触摸屏访问海量信息和选择供应商，从而不再被迫支付他们不希望或者不需要的产品或服务，同时可以随时随地与其他消费者进行体验分享，供应商则可以通过跟踪消费者的体验，通过返现、退换货等手段减少客户对产品的抵制情绪。

（2）更有效地匹配工作岗位

目前，对优秀人才的需求竞争非常激烈，人才对企业的价值体现在劳务输出创新能力以及人才吸引等方面。在发达国家，人才创造了绝大部分的价值。随着我国经济转型和产业升级，可以预料到人才的需求竞争将会愈加激烈。但随着互联网化程度的加深，信息资源可获取性加强，企业员工流动性明显加快，员工的平均任期不断下降。

在互联网时代，人才和雇主的关系悄然发生变化，雇主和员工之间从商业交易转变为互惠关系。员工对企业的诉求不仅仅停留在薪资水平这一单一指标，这就需要通过科学的人力资源分析，让企业找到"猎取、培养和留住人才"的解决方案。现在已经出现专业公司和专业软件使用数据处理技术进行企业人力资源管理，主要应用包括人员招聘、培训管理、绩效管理和薪酬管理四个方面。但就整个行业而言，大数据人力资源管理尚处于行业探索期。

2. 数据要素的低复制成本决定了规模经济属性

由于数据要素是以比特形式存在并在互联网终端设备上存储和传播，一件数字产品被生产出来后，便可以通过低成本或零成本复制而无限供给。这一特征决定了数字产品在消费中具有非竞争性，即不同的消费者可以同时使用该产品而相互不受影响。不同消费者可以突破时空的限制使用同一产品的前提是，该产品是在互联网上生产、消费的。

一般认为，数字产品边际成本为零，但边际成本为零的简易微观经济模型与边际成本为正的模型并无太大的不同。数字产品与非数字产品最关键的区别是非竞争性，这意味着个体消费数字产品并不会减少其他人消费该产品的数量或质量，因为信息的分享并不会减少或损害初始信息。特别是在没有法律或技术限制排他性的情况下，任何人都能以零成本复制任何信息。

数字产品成本特征是研究与开发成本高、生产制造成本低，即高沉淀成本、低边际成本。数字产品多是知识、科技密集型产品，开发过程符合高科技产品的高投资、高风险的经济学原理。如耗资上亿美元的好莱坞巨片只需几分钟就可以拷贝到硬盘上，并且成本极低（几乎为零），这也说明数字产品的固定成本很高，但变动成本却很低。而且数字产品的固定成本大多属于沉没成本，若停止生产，前期投入的人力、物力、财力等固定成本将无法收回，不像传统产品那样，停止生产后可以通过折旧等方式挽回部分成本。数字内容产品可以很容易地进行复制和传播，这就导致更多的用户可以通过比较低廉的成本获取产品，规模经济非常明显。

3. 数据要素的知识密集型特征有利于刺激创新

数据要素可被看作一种知识密集型的产品，它可作为投入以创新的形式增加产出。创新涉及的是新的活动，但对信息的应用具有很强的不确定性。创新最初都发生于个人的大脑之中，依赖的是对信息的综合和解释，使其符合现有的认知世界。所有解决问题的活动都是用认知模式来评估什么信息是有价值的，都以有用的方式来组织信息。理解和整理新信息的过程要求我们将新信息转化成与个人有关的东西。作为一个既是认知性也是社会性的过程，创新需要知识、信息以及认知模式之间进行复杂的互动，在一个设想发展成为一种创新的过程中不断探讨、澄清和重新构思。

数据要素在产生的同时，一方面满足了消费者的消费需求，另一方面也催生了更多产品和服务的出现。位于生产端的数据从主要用于记录和查看，逐渐成为流程优化、工艺优化的重要依据，进而在产品设计、服务交付等各个方面发挥着越发重要的作用。对智能产品和服务而言，从供应链到智能制造再到最终交付用户，所有环节都可以基于数据分析的结果实现价值链整合和系统优化的目的。从企业的角度来看，以数据流引领技术流、物流、资金流和人才流，将深刻影响社会分工协作的组织模式，促进生产组织方式的集约和创新。大数据的发展推动社会生产要素的网络化共享、集约化整合、协作化开发和高效化利用，改变了传统的生产方式和经济运行机制。大数据持续激发商业模式创新，不断催生新业态，已成为互联网等新兴领域促进业务创新增值、提升企业核心价值的重要驱动力。

三、数字经济的网络外部性特征

数字经济的一个重要特征就是网络化——经济以网络的形式组织起来。不管是有形的还是虚拟的网络，都具有一个基本的经济特征：连接到一个网络上的价值取决于已经连接到该网络的其他人的数量，即只要是网络，就要受到所谓"网络外部性"（也称"网络效应"）现象的支配。值得注意的是，网络外部性并不是数字经济所独有的特征。有形的网络（如相互兼容的通信网络）或虚拟的网络（如一种产品的销售网络）都或多或少存在网络外部性。对网络外部性的讨论早在 20 世纪 70 年代就已经开始了。但是在互联网广泛普及以后，尤其是 5G 时代来临之后，经济网络内的信息流动达到了前所未有的速度，生产、交换、分配和消费都与智能化的数字网络息息相关，这就使网络外部性表现得越发强烈。

（一）经济学关于外部性的解释

经济学中，外部性概念通常指当生产或消费对其他人产生附带的成本或效益时，外部经济效应就发生了；也就是说，成本或效益被加于其他人身上，然而施加这种影响的人却没有为此付出代价。更确切地说，外部经济效果是一个理性人的行为对另一个人所产生的效果，而这种效果并没有从货币或市场交易中反映出来。从产生领域来看，外部性可以分为生产的外部性（由生产活动所导致的外部性）和消费的外部性（由消费行为所带来的外部性）；从效果来看，外部性包括负外部性和正外部性。

主流经济学认为，外部性是"市场失灵"的主要表现之一。一个有效的市场制度要发挥其经济效率，一切影响都必须通过市场价格的变动来传递。一些人的行为影响他人的福利，只要这种影响是通过价格传递的，即这种影响反映在市场价格里，就不会对经济效率产生不良的作用。然而，如果一个人的行为影响了他人的福利而相应的成本收益没有反映到市场价格中，就出现了外部性。外部性可以是正的，也可以是负的。例如，我的邻居盖了新房子，将面对我家的一面墙如果粉刷得很漂亮，我也可以因此而赏心悦目，即我从邻居的房屋粉刷中得到了好处，却并不需要为此而付费，这就是正的外部性；如果邻居不能对我得到的这种好处收费，他就不会有动力把面对我家的那面墙粉刷得很漂亮，因为我可以"搭便车"，这里的"搭便车"问题和正的外部性是同一硬币的两面。相反，如果一个人的行为伤害了另一个人，而他也并不因此而付出代价，就产生了负的外部性。例如，甲经营的工厂向一条河流排放废物，而乙却以在这条河中捕鱼为生，甲的活动直接影响了乙的生计，却并没有通过价格的变动得以反映，即甲的行为产生了负的外部性。外部性最重要的应用之一就是关于环境治理的讨论，其中最为经典的就是环境污染问题，即负的外部性。

　　总结上面的分析，如果所有的行为都能反映在价格里，就意味着私人的成本收益与社会的成本收益是一致的，市场制度会自动地使资源配置达到帕累托最优。外部性的存在意味着生产者面临的边际成本并不反映增加生产的所有社会成本，或者个人的消费边际收益并不等于社会收益。如果获得的收益并不完全归于直接生产者，或者如果私人生产成本没有反映总的社会成本，那么竞争性市场的选择可能不是社会的效率选择。虽然私人按照边际收益等于边际成本的原则来决策，但外部性的存在使这种决策对整个社会经济效率不利。

　　那么，外部性是如何对资源配置产生错误的影响呢？外部性出现在一个行动如果给其他人带来附带的收益或损害，而并没有人因此对产生外部性的人进行相应的支付或赔偿，由此产生价格系统对资源的错误配置。外部性产生效率问题是因为外部成本或收益通常不将引起外部效应的消费者或生产者考虑进去。如果某种活动产生了负的外部性，那么生产者和消费者就会低估该活动的社会成本，并且按照社会观点来看过多地选择那种活动；如果消费和生产给那些没有考虑进去的人产生收益，消费者或者生产者因此低估了社会收益，那么，那种经济活动的选择就会太少。

（二）网络外部性与梅特卡夫法则

1. 网络外部性的定义和分类

（1）网络外部性的定义

随着信息化时代的到来，数字产品所表现的网络外部性更多地表现为消费的正外部性。消费者在选择购买或消费某种数字产品时，不仅考虑该产品本身的效应，更考虑到未来可能实现共享信息的用户数量和适用范围。数字产品的这个特性集中表现为用户购买行为的"从众效应"或"追赶潮流"，消费者会倾向于购买那些已经被广泛采用的标准化或普及化的产品。例如高德地图的使用者越多，每个使用者的轨迹和坐标被记录的数据也就越多，基于这些位置大数据所开发出来的数字产品的价值含量就越高、功能也就越强大，就会吸引更多的消费者来使用其数字产品。这就是所谓的网络外部性，是数字产品表现的重要微观经济特性之一。

值得注意的是，数字产品网络外部性的出现对产品价值的认识提出了新的挑战，产生了重要影响。数字产品的价值已不再集聚于产品本身所具有的属性，而是外延至整个产品网络。

（2）网络外部性的分类

网络外部性分为直接网络外部性和间接网络外部性。直接网络外部性是指由于消费相同产品的市场主体的数量增加后通过正反馈效应放大了数字产品的使用价值，即由于消费者对数字产品的需求存在相互依赖的特征，消费者获得产品的效用随着购买相同产品的其他消费者数量的增加而增加。直接网络外部性的基础是梅特卡夫法则；而间接网络外部性则是指市场中介效应（Market Mediated Effects），即通过对互补产品种类、数量、价格的影响，而对原有产品用户产生的外部性，其本质是一种范围经济。间接网络互补性产生的主要原因是产品自身的互补性，基础产品的消费者越多，则对互补性的辅助产品的需求就越大。例如，即时通信工具微信的消费者之所以选择微信而不是其他的通信工具，除了微信本身的功能强大，一个主要的原因是自己的亲朋好友也都选择了微信作为通信工具，这样大家交流起来就很便利，这就是梅特卡夫法则所导致的直接网络外部性；而微信的使用者中有相当的一部分人会使用微信支付、微信理财或微信借贷等其他辅助产品，微信的使用者越多，其辅助产品的使用者相对也会越多，这就是所谓的间接网络外部性。

2. 梅特卡夫法则

梅特卡夫法则（也称"梅特卡夫定律"）是一种网络技术发展规律，是由 3Com 公司的创始人、计算机网络先驱罗伯特·梅特卡夫（Robert Metcalfe）提出的。

梅特卡夫法则，是指网络的价值会随着网络里节点数目的乘方而增加，其核心思想可以说是"物以多为贵"。

在基础设施成本一定的情况下，使用的用户越多，则其带来的价值就越大，一个网络的经济价值是按照指数级上升的，而不是按照算数级上升的。具体来说，如果一个网络对网络中每个人的价值是 1 元，那么规模为 10 倍的网络的总价值约等于 100 元；规模为 100 倍的网络的总价值就约等于 10000 元。网络规模增长 10 倍，其价值就增长 100 倍。

梅特卡夫定律不仅适用于电话、传真等传统的通信网络，也同样适用于具有双向传输特点的像 Internet 这样的虚拟网络世界。网络的用户越多，信息资源就可以在更大范围的用户之间进行交流和共享，这不仅可以增加信息本身的价值，而且提高了所有网络用户的效用。另外，由于网络经济条件下，信息技术和信息系统的不完全兼容性及由此带来的操作、使用知识的重新培训等造成的转移成本，用户往往被锁定在一个既定的用户网络内，从而保证了这一网络的一定规模。网络内的用户则由于信息产品的相互兼容性，彼此之间的文件交换和信息共享就成为可能。而网络用户数量的增加就使用户之间信息的传递和共享更为便捷，网络的总效用增加且同样以用户平方数量的速度增长，这恰恰符合梅特卡夫定律。总而言之，梅特卡夫法则概括的就是连接到一个网络的价值，取决于已经连接到该网络的其他人的数量这一基本的价值定理，即经济学中所称的"网络效应"或"网络外部性"。梅特卡夫法则其实是对"需求方网络外部性（consumption network externality）"的一种简单的表述。

梅特卡夫法则决定了新科技推广的速度，这是一条关于网上资源的定律。使用网络的人越多，数字产品的价值就越大，也越能吸引更多的人来使用，最终提高数字产品的总价值。当一个数字产品已经建立起必要的用户规模，它的价值就会呈爆发性增长。一个新产品多快才能达到必要的用户规模，这取决于用户进入网络的代价，代价越低，达到必要用户规模的速度也越快。有趣的是，一旦形成必要的用户规模，新产品的开发者在理论上可以提高对用户的价格，因为这个新产品的应用价值比以前增加了，进而衍生出某项商业产品的价值随使用人数而增加的定律。从总体上看，消费方面存在效用递增——需求创造了新的需求。

信息资源的奇特性不仅在于它是可以被无损耗地消费的（如一部古书从古到今都在"被消费"，但不可能"被消费掉"），而且信息的消费过程可能同时就是信息的生产过程。数字经济时代，网络消费者在消费数据要素的同时，可以催生出更多的知识和感受，同时其行为活动也被记录下来成为大数据的一部分。互联网的威力不仅在于它能使信息的消费者数量增加到最大限度（全人类），更在于它是一种传播与反馈同时进行的交互性媒介（这是它与报纸、收音机和电视不一样的地方），即网络具有极强的外部性和正反馈性。所以梅特卡夫断定，随着上网人数的增长，网上资源将呈几何级数增长。

第二节　数字经济下供求互动重塑竞争优势

在全球信息化快速发展的大背景下，大数据已成为国家重要的基础性战略资源，数字技术成为国家之间竞争的新领域，数字经济的迅猛发展正在重塑国际竞争的新格局。

一、数字经济下供给与需求的互动机制

(一) 数字经济时代生产与消费的同一性

"生产与消费同一性"的观点在数字经济中具有极强的生命力,具体包括以下三点。

1. 数字消费是数字生产中创新的动力来源

"消费与生产的同一性"说明,消费为生产创造了内在的对象、目的的需要。经济现实中,有的产业、产品因为消费萎缩而萎缩,或因消费的推动而出现、成长和兴盛。一个国家、一个地区的产业结构和产品结构会随着社会消费趋势的变化而变化,消费引领产业创新。个人消费者希望能更加快速、精准地找到自己需要的商品,大数据精准营销便产生了;企业需要能更加快速地筛选出能干、忠诚、合适的员工,大数据人力资源管理便应运而生了;老百姓出行希望能提早了解前方的各种路况并提前做好路线计划,智慧交通系统出现了并不断完善;当数据量越来越大而超过了一般企业的储存和处理能力的时候,云计算便诞生了。不仅如此,在数字经济时代,新产品的创新周期和生命周期都大大加快,各种类型的创新层出不穷,但无论哪一种,都是为了更加有效地解决某种消费需求的问题。

2. 数字消费和数字生产相互渗透

数字经济时代,数字消费和数字生产呈现"你中有我,我中有你"的关系。

一方面,数字生产要从市场的数字消费需求出发。大数据时代中数字的生产大体分为两个阶段:大数据的生产阶段和数据要素的生产、应用阶段。在第一个阶段,大量社会主体的行为信息被记录下来,这些大数据本身并没有什么价值;在第二个阶段,数据要素的生产主体会根据社会需求对大数据进行收集、筛选、处理和加工形成数据要素,再加以应用或创新之后形成数字产品。这些数字产品的生产以消费为目的,并通过消费才得以实现价值。

另一方面,消费者在消费的过程中也在生产着大量的数据。目前的信息技术条件下,无数的终端正在时时刻刻生成着大量的数据,包括移动互联网终端、物联网终端以及传统的 PC 端等,这些终端背后对应着某一个自然人或者机构、物体,它们的行为随时随地被记录并形成数据。这对应着数字经济生产的第一个阶段,也为数字经济生产的第二个阶段以及最终数字产品的形成提供了最基本的数据来源。

3. 消费和生产的良性互动推动数字经济快速扩张

生产与消费之间存在矛盾。市场经济条件下,生产与消费矛盾的主要方面在于生产。在传统经济时期,企业不断扩大规模生产更多标准化产品的做法无法满足消费者日益增长的对个性化、差异化产品的需求。进入数字经济时代,借助高速运转的网络和数据处理系

统，定制化生产逐渐成为主流，这一方面满足了消费者对个性化、差异化产品的需求；另一方面也能使企业实现规模化运营，获得更高的利润。不仅如此，结合梅特卡夫法则可知，随着用户规模的增长，企业生产的数字产品价值将呈指数式增长，而产品数量和种类的增多又会反过来刺激消费需求，这种螺旋式的上升必将推动数字经济呈现出快速扩张的态势。

数字经济的特征之一就是平台化，生产者和消费者在互联网平台上进行价值互动。基于双边市场理论，平台中的消费者和生产者均能从对方数量和质量的增加中获益。这一效应被称为"交叉网络效应"。首先，平台化企业通过提供平台将消费者和其他生产者引入平台，实现用户价值的自我增值，平台提供者收取服务费。其次，平台具有部分市场特性，在平台内的生产者和消费者之间的协商成本并不需要由平台企业承担，降低了平台企业的管理成本和销售成本。最后，平台化企业在提供平台的同时，获取了大量关于生产者和消费者的数据，这些数据通过数字技术的挖掘处理，能优化企业自身的产品设计，最终提供更有竞争力的产品。

（二）网络正反馈与马太效应

马太效应可归纳为：任何个体、群体或地区，一旦在某个方面（如金钱、名誉、地位等）获得成功和进步，就会产生一种积累优势，就会有更多的机会取得更大的成功和进步。在网络经济中，共享程度越高，拥有的用户群体越大，其价值就越能得到最大限度的体现。网络的正外部性会产生正反馈，而正反馈使强者更强、弱者更弱，在最极端的情形下，正反馈可以导致赢家通吃的垄断市场，这就是所谓的"马太效应"。

信息化活动中优劣势强烈反差的马太效应，即正反馈效应，是指在信息活动中由于人们的心理反应和行为惯性，在一定条件下，优势或劣势一旦出现，就会不断加剧而自行强化，出现滚动的累积效果。因此，某个时间内往往会出现强者恒强、弱者恒弱的局面，甚至发生强者统赢、胜者统吃的现象。这种效应的产生源于梅特卡夫定律，当其发展到极端情况下就会出现马太效应。马太效应的结果通常会导致数字产品的生产者市场出现寡头垄断或完全垄断的市场结构。

尽管网络外部性是网络经济中正反馈的主要原因，但网络外部性和正反馈是两个概念。第一，正反馈并不是一个网络经济下出现的新事物。事实上，在传统经济下，供给方规模经济所实现的收益递增也是正反馈的一种表现形式，但是由于基于供给方规模经济的正反馈具有自然限制（边际收益递减和管理大组织的困难），使基于制造业的传统规模经济通常在远远低于控制市场的水平就耗尽了，超过这一点正反馈就不再存在而是负反馈开始起主导作用，这种经济现实使正反馈一直没有引起人们的关注。但是当人类社会发展到信息经济和网络经济时代，网络外部性广泛存在，基于市场需求方的规模经济在市场足够大的时候不会产生分散，再加上基于供给方的规模经济，导致在网络经济中，正反馈以一种更新的、更强烈的形式出现。第二，从网络外部性到正反馈，还需要其他的一些条件，如基于供给方的规模经济同样对网络正反馈的形成起着重要的作用。

首先，需要成本优势。由于实现正反馈的前提条件是边际收益递增，这不仅需要网络外部性带来的需求方规模经济，还需要边际成本的降低，否则需求方规模经济带来的收益递增将可能被成本因素所抵销，导致规模经济不显著或不存在，从而无法实现正反馈过程。而数字产品正好具有特殊的成本结构：高固定成本，低边际成本。

其次，网络外部性要引发正反馈过程，必须达到一定的规模，就是我们通常所说的临界容量。网络外部性告诉我们，大网络的价值大于小网络的价值，但是，只有当网络达到某一个特定的规模，正反馈才开始发挥作用，从而实现强者恒强、弱者恒弱，否则依然无法实现正反馈。与网络规模相关的一个问题是市场对产品需求的多样性。即使在一个网络外部性很强，需求方规模经济程度很高的市场中，如果市场消费者对产品的需求是多样化的，这意味着一种产品可能难以达到引发正反馈的网络规模；相反，如果市场中产品的多样化程度较低，网络外部性引发正反馈的可能性就大些。

（三）路径依赖与转移成本

1.路径依赖

路径依赖是从其他学科"溢出"到经济学中的一个概念。在经济学中，经济学家用路径依赖来表示即使在一个以资源抉择和个人利益最大化行为为特征的世界中，经济发展过程中的一个次要的或暂时的优势或是一个看似不相干的事件都可能对最终的市场资源配置产生重要而不可逆转的影响。路径依赖隐含两个重要特征：其一，历史的重要性。在经济学和其他社会科学中，科学家一直都承认历史是十分重要的。但是，对历史重要性的承认本身并不是路径依赖，而仅仅是路径依赖的前提条件之一。路径依赖所强调的一个观点是：我们目前的经济环境可能在很重要的程度上有赖于历史上的一些突然转折和偶发事件，即对这些事件的依赖性很可能是以一种非常任意的形式进行的。我们从历史所继承下来的现在或我们将建设的将来都可能不是来自那些重要的已知事物或是经济历史的不可避免的推动力量，而是可能来自那些如果我们意识到它们将会产生怎样的影响，我们就可能轻易改变的小事物。也就是说，当历史上的一些令人意想不到的事件以一种令人意想不到的方式影响、决定并控制了历史的发展时，就产生了路径依赖。其二，不可逆转的选择。很显然，如果路径的选择可以很轻易地发生改变，那么就不称其为"路径依赖"了。因此，在经济学关于路径依赖的讨论中，都或明示或暗示地与选择的不可逆转相互联系。

2. 转移成本

锁定是指由于各种原因，导致从一个系统（可能是一种技术、产品或是标准）转换到另一个系统的转移成本高到转移不经济，从而使得经济系统达到某个状态之后就很难退出，系统逐渐适应和强化这种状态，从而形成一种"选择优势"把系统锁定在这个均衡状态中。要使系统从这个状态退出，转移到新的均衡状态，就要看系统的转移成本是否能小于转移收益。

转移成本显然是和锁定相联系的一个概念。转移成本实际上是对路径依赖程度和锁定程度的衡量。当产品和技术的标准化还不健全的时候（或者说系统之间不兼容），消费者和厂商如果自愿从一个网络转移到另一个网络，他们将不得不面临诸多障碍，正是转移成本造成了这种障碍，它阻止了市场主体进入另一个网络。转移成本具体来说可分为两类，即私人和社会转移成本。私人转移成本，包括在最初采用的技术中所含的沉没投资、转向用新网络所需要的支出。社会转移成本则需要把市场主体当前正在享有的网络效应与预期从转移中可以获得的潜在的网络效应进行对比。转移成本把不对称的价格强加于具有沉没投资的用户和在现有技术中没有沉没投资的用户之间。当转移成本高于收益时，转移是不经济的，这时就将出现对现有系统的锁定和路径依赖。

在网络经济中，锁定和转移成本是"规律，而不是例外"。有关锁定的例子随处可见，比如，当一个DOS用户考虑转而使用另外一种操作系统时，则该用户必须考虑以下问题：应用于新操作系统中的软件的多样性及有效性，转化文件、工作表格和数据库格式将产生多大的影响等诸如此类的问题。所以一旦用户选中用某种技术或格式存储信息，转移成本将会非常高。我们中的大部分人都体验过从一种电脑软件转移到另一种电脑软件的代价：数据文件很可能不能完好地转换，出现与其他工具的不兼容问题。与之相类似，一家选择了思科系统公司技术和结构以满足其内部联网需要的大企业将会发现，更换一个不兼容系统的成本高得惊人，因而在相当程度上被锁定在思科的私人产品中。从原则上讲，锁定的情况对供应商是有利的，如果供应商成功地用自己的系统结构抓住了用户，他们将在未来的购买中赢得垄断地位。尽管如此，当供应者滥用垄断地位，长期"锁定"用户时，会引起用户的极大不满，有时甚至使用户不顾成本转向其他系统。

网络外部性及转移成本的存在，使用户容易被锁定在某种产品的路径依赖中，这种产品也因此可以独享某种垄断地位，更为重要的一点是，路径依赖告诉我们该种产品也许仅仅是因为偶然的原因才如此幸运地进入了这种正反馈循环，而并不是靠其质量取胜。而一旦进入了垄断的正反馈机制，其他的产品即使质量再好、价格再合理，也难以与之抗衡。

一直到被具有高期望值的新技术威胁时垄断才会被打破,这时重新开始新一轮的市场竞争。网络经济的这种"市场失灵"效应是由该网络产品本身的技术特性所决定的。

二、全球主要国家数字经济竞争格局演化

当前,信息网络技术加速创新,以数字化的知识化和信息为关键生产要素的数字经济蓬勃发展,新技术、新业态、新模式层出不穷,成为"后国际金融危机"时代全球经济复苏的新引擎。近年来,各主要经济体纷纷将发展数字经济作为推动实体经济提质增效、重塑核心竞争力的重要举措,并进一步推动数字经济取得的创新成果融合于实体经济各个领域,围绕以新一轮科技和产业制高点展开积极竞争与合作,主要集中在与新一代信息技术高度融合的现代制造业。

基于各国既有的产业结构、技术基础和要素禀赋,在供给和需求的交互作用之下各国的数字经济呈现出不同的竞争态势。各国政府在数字基础设施和数字治理能力方面的差异,以及在数字经济领域中国际竞争与合作程度的加深,都深刻地影响着全球数字经济的竞争格局。

三、全球数字行业情况

数字经济已经成为全球经济转型发展的重要驱动力。在数字技术不断进步的驱使和各国政府的大力支持下,世界上众多数字经济企业的发展也日新月异,涌现出无论是规模、效率,还是创新性、成长性都非常突出的企业。

(一) 数字企业分类

所谓数字经济企业,简称"数字企业",是指处于数字技术高度融合的行业,是能把数字技术与企业生产经营融合在一起、创造竞争力的企业。它们构成当代数字经济发展的基础或主战场,能反映出全球或一国的数字经济发展水平。数字企业遍布国民经济的多个行业,其所在行业的确定主要以全球上市公司数据库(OSIRS)的全球行业分类标准(Global Industry Classification Standard, GICS)为主,并结合了《福布斯》和《财富》两个500强榜单,最后归纳为以下几个行业:技术硬件与设备、软件与服务、半导体产品与设备、消费电子产品、互联网与直销零售、电信业务、公用事业(电力等)、电气设备和机械制造。这些行业集中了大部分的数字企业,很典型地反映了数字技术的进步和产业升级。

(二) 中国数字经济发展值得期待

从数字企业的行业分布看,技术硬件与设备、软件与服务、半导体产品与设备以及电

信业务四个行业的数字企业分布较多。其中：技术硬件与设备作为一个传统行业，发展历史悠久，其企业的规模竞争力更高一些；软件与服务行业近几年的发展速度在很多方面都超过了硬件行业，因此其成长竞争力更高一些；半导体产品与设备行业的效率竞争力似乎更突出一些；电信业务是一个传统行业，除了其成长性较弱，其他三个方面的发展基本都比较平衡。

中国数字企业的蓬勃发展，预示着中国数字经济的发展进入一个快速期。前面有华为、阿里巴巴、京东、腾讯等领头企业，后面有拼多多、小米、美团等企业奋起追赶，各种经济模式得到不断创新，吸引了数亿的用户，市场规模迅速扩大。未来随着更多数字企业的崛起和竞争力的不断提高，中国数字经济发展值得期待。

第三章 数字经济发展的战略决策

第一节 基础建设战略决策

我国要推动数字经济发展，首先要解决的问题是如何从国家和政府层面采取积极的战略行动保障数字经济加快发展。

一、加快企业和市场的数字化基础建设

因为信息化是数字经济发展的基础，大数据是数字经济发展的新平台、新手段和新途径，所以深入推进国家信息化战略和国家大数据战略，是加快数字经济时代企业和市场数字化基础建设的前提，是从国家和政府层面解决数字经济发展"最先一公里"的问题。

（一）深入推进国家信息化战略

当今世界，信息技术创新日新月异，以数字化、网络化、智能化为特征的信息化浪潮蓬勃兴起。全球信息化进入全面渗透、跨界融合、加速创新、引领发展的新阶段。在信息化上占据制高点，便能掌握先机、赢得优势、赢得安全、赢得未来。

1.信息化与数字经济的关系

从数字经济的发展历程来看，数字经济可以泛指以网络信息技术为重要内容的经济活动。因此，从某种意义上讲，数字经济也可以通俗地理解为网络经济或信息经济。

现代信息技术日益广泛的应用，推动了数字经济浪潮汹涌而至，成为带动传统经济转型升级的重要途径和驱动力量。根据数字经济的内涵和定义分析，信息化为数字经济发展提供必需的生产要素、平台载体和技术手段等重要条件。换言之，信息化是数字经济发展的基础。具体表现为信息化对企业具有极大的战略意义和价值，能使企业在竞争中胜出，同时企业信息化的积极性最高，因此在信息化中企业占据主导地位。如近几年出现的云计算、人工智能、虚拟现实等信息化建设，均以企业为主体。数字经济的特点之一就是使信息成为普遍的商品，主要任务是跨过从信息资源到信息应用的鸿沟。信息化是个人成长、需求发布和沟通的重要通道，是社会公平和教育普惠的基础，使个人拥有了极大空间。这是因为按需生产是数字经济的一个重要特征，而要做到按照需求合理地供给，必须靠信息。

信息化是提升政府工作效率的有效手段，是连接社会的纽带。政府是信息化的使用者，同时由于信息化的复杂性，政府需要对信息化加强引导和监管。

2. 加快推进国家信息化战略

在未来一段时期内，我国要想加快数字经济发展，培育经济新增长点，就必须加快推进国家信息化战略，围绕"五位一体"总体布局和"四个全面"战略布局，牢固树立创新、协调、绿色、开放、共享的新发展理念，贯彻以人民为中心的发展思想，以信息化驱动现代化为主线，以建设网络强国为目标，着力增强国家信息化发展能力，着力提高信息化应用水平，着力优化信息化发展环境，让信息化造福社会、造福人民，为实现中华民族伟大复兴的中国梦奠定坚实基础。

（二）加快推进国家大数据战略

云计算、大数据、移动互联网、物联网和人工智能的出现，推动了第二次信息革命——数据革命，此时期，大数据的迅速发展起到了更为关键的作用。

信息技术与经济社会的交会融合引发了数据迅猛增长，数据已成为国家基础性战略资源，大数据正日益对全球生产、流通、分配、消费活动以及经济运行机制、社会生活方式和国家治理能力产生重要影响。尽管我国在大数据发展和应用方面已具备一定基础，拥有市场优势和发展潜力，但也存在政府数据开放共享不足、产业基础薄弱、缺乏顶层设计和统筹规划、法律法规建设滞后、创新应用领域不广等亟待解决的问题。

1. 大数据发展形势及重要意义

目前，我国互联网、移动互联网用户规模居全球第一，拥有丰富的数据资源和应用市场优势，大数据部分关键技术研发取得突破，涌现出一批互联网创新企业和创新应用，一些地方政府已启动大数据相关工作。坚持创新驱动发展，加快大数据部署，深化大数据应用，已成为稳增长、促改革、调结构、惠民生和推动政府治理能力现代化的内在需要和必然选择。

（1）大数据成为推动经济转型发展的新动力

以数据流引领技术流、物质流、资金流、人才流，将深刻影响社会分工协作的组织模式，促进生产组织方式的集约和创新。大数据推动社会生产要素的网络化共享、集约化整合、协作化开发和高效化利用，改变了传统的生产方式和经济运行机制。大数据持续激发商业模式创新，不断催生新业态，已成为互联网等新兴领域促进业务创新增值、提升企业核心价值的重要驱动力。大数据产业正在成为新的经济增长点，将对未来信息产业格局产生重要影响。

（2）大数据成为重塑国家竞争优势的新机遇

在全球信息化快速发展的大背景下，大数据已成为国家重要的基础性战略资源，正引领新一轮科技创新。充分利用我国的数据规模优势，实现数据规模、质量和应用水平同步提升，发掘和释放数据资源的潜在价值，有利于更好地发挥数据资源的战略作用，增强网络空间数据主权保护能力，维护国家安全，有效提升国家竞争力。

（3）大数据成为提升政府治理能力的新途径

大数据应用能揭示传统技术方式难以展现的关联关系，推动政府数据开放共享，促进社会事业数据融合和资源整合，将极大地提升政府整体数据分析能力，为有效处理复杂社会问题提供新的手段。建立"用数据说话、用数据决策、用数据管理、用数据创新"的管理机制，实现基于数据的科学决策，将推动政府管理理念和社会治理模式进步，加快建设与社会主义市场经济体制和中国特色社会主义发展相适应的法治政府、创新政府、廉洁政府和服务型政府，逐步实现政府治理能力现代化。

2. 大数据与信息化、数字经济关系

信息技术与经济社会的交会融合引发了数据迅猛增长，大数据应运而生。同时，大数据的迅速发展又掀起了新的信息化浪潮，为信息产业和数字经济发展提供了新机遇、新挑战。

（1）大数据与信息化

与以往的数据比较，大数据更多表现为容量大、类型多、存取速度快、应用价值高等特征。海量数据的采集、存储、分析和运用必须以信息化为基础，充分利用现代信息通信技术才能实现。大数据与信息化的关系表现在以下两个方面。

一是大数据推动了信息化新发展。大数据作为新的产业，不但具备了第一产业的资源性，还具备了第二产业的加工性和第三产业的服务性，因此它是一个新兴的战略性产业，其开发利用的潜在价值巨大。实际上，我们对大数据开发利用的过程，就是推进信息化发展的过程。因为大数据加速了信息化与传统产业、行业的融合发展，掀起了新的信息化浪潮和信息技术革命，推动了传统产业、行业转型升级发展。因此，从这个层面讲，大数据推动信息化与传统产业、行业的融合发展的过程，也就是"互联网＋"深入发展的过程。"互联网＋"是一种新型经济形态，利用膨胀增长的信息资源推动互联网与传统行业相融合，促进各行业的全面发展。"互联网＋"的核心不在于"互联网"而在于"＋"，关键是融合，即传统行业与互联网之间建立起有效的连接，打破信息的不对称，结合各自的优势，迸发出新的业态和创新点，从而实现真正的融合发展。而大数据在"互联网＋"的发展中扮演着重要的角色，大数据服务、大数据营销、大数据金融等，都将共同推进"互联网＋"的进程，促进互联网与各行各业融合发展。未来的"互联网+"模式是去中心化，最大限度地连接各个传统行业中最具实力的合作伙伴，使之相互融合，只有这样，整个生态圈的力量才是最强大的。

二是大数据是信息化的表现形式，或者是信息化的实现途径和媒介。在数字经济时代，信息技术同样是经济发展的核心要素，只是信息更多由数据体现，并且这种数据容量越来越大、类型越来越复杂、变化速度越来越快。所以，需要对数据进行采集、存储、加工、分析，形成数据集合——大数据。因此，大数据既是信息化新的表现形式，又是新的信息化实现的途径和媒介。

（2）大数据与数字经济

大数据与数字经济都以信息化为基础，并且均与互联网相互联系，所以要准确理解大数据与数字经济的关系，必须以互联网（更准确地讲是"互联网+"）为联系纽带进行分析。互联网是新兴技术和先进生产力的代表，"互联网+"强调的是连接，是互联网对其他行业提升激活、创新赋能的价值迸发；而数字经济呈现的则是全面连接之后的产出和效益，即"互联网+"是手段，数字经济是结果。数字经济概念与"互联网+"战略的主题思想一脉相传。数字经济发展的过程是"互联网+"行动落地的过程，是新旧经济发展动能转换的过程，也是传统行业企业将云计算、大数据、人工智能等新技术应用到产品和服务上，融合创新、包容发展的过程。由此看来，大数据是传统行业与互联网融合的一种有效的手段；同时大数据也是数字经济结果实现的新平台、新手段和新途径，推进了"互联网+"行动落地的过程，推进了新旧经济发展动能转换的过程。数字经济时代，经济发展必然以数据为核心要素。大数据加快了互联网与传统产业深度融合，加快了传统产业数字化、智能化，为做大做强数字经济提供了必要的条件和手段。

二、进一步优化数字经济发展的市场环境

国家信息化战略和大数据战略的深入实施，大大提高了企业和市场的数字化基础建设的水平，分别为数字经济发展提供了重要基础和新平台。另外，数字经济的发展还需要具备良好的市场环境。

（一）加强企业数字化建设

第一，基础设施建设持续完善，"新基建"助力产业结构升级。同时，围绕高技术产业、科研创新、智慧城市等相关的新型基础设施建设不断加快，进一步加速新技术的产业应用，并催生新的产业形态，扩大新供给，推动形成新的经济模式，将有力地推动区域经济发展

质量提升和产业结构优化升级。第二，数字经济蓬勃发展，成为经济发展的新增长点。网络购物持续助力消费市场蓬勃发展。数字企业加速赋能产业发展，通过商业模式创新、加快数字技术应用不断提升供应链数字化水平，为产业转型升级提供了重要支撑。第三，互联网应用提升群众获得感，网络扶贫助力脱贫攻坚。互联网应用与群众生活结合日趋紧密，微信、短视频、直播等应用降低了互联网使用门槛，不断丰富群众的文化娱乐生活；在线政务应用以民为本，着力解决群众日常办事的堵点、痛点和难点；网络购物、网络公益等互联网服务在实现农民增收、带动广大网民参与脱贫攻坚行动中发挥了日趋重要的作用。

因此，加强企业数字化建设，是企业发展数字经济、抢占新经济"蓝海"当务之急。鼓励企业加大数字化建设投入，积极开展数字经济立法，不断优化市场环境和规范市场竞争，是加快我国企业和市场数字化创新步伐的必然要求。

（二）优化互联网市场环境

目前，市场数字化呈现快速发展趋势，但市场环境仍然不成熟。由于互联网市场监管法规不完善，处于支配地位的寡头经营者很容易利用技术壁垒和用户规模形成垄断，从而损害消费者的权益和抑制互联网行业技术创新，并由此导致网络不正当竞争行为层出不穷。由于网络环境的虚拟性、开放性，网络恶性竞争行为更加隐蔽、成本更低、危害更大，不仅会损害个别企业的利益，还会影响到公平、诚信的竞争秩序，对数字化市场的发展环境构成严重威胁。

因此，优化互联网市场环境势在必行。

综上所述，我国数字经济已经扬帆起航，正在引领经济增长从低起点高速追赶走向高水平稳健超越，供给结构从中低端增量扩能走向中高端供给优化，动力引擎从密集的要素投入走向持续的创新驱动，技术产业从模仿式跟跑、并跑走向自主型并跑、领跑全面转型，为最终实现经济发展方式的根本性转变提供了强大的引擎。

第二节 融合发展战略决策

当前，数字经济正在引领传统产业转型升级，正在改变全球产业结构，正在改变企业生产方式。那么，数字经济时代政府如何调整产业结构，提高信息化程度，紧紧跟随数字经济发展潮流和趋势，成为必须面对的新时代课题。

一、大数据驱动产业创新发展

新形势下发展数字经济需要推动大数据与云计算、物联网、移动互联网等新一代信息技术融合发展，探索大数据与传统产业协同发展的新业态、新模式，促进传统产业转型升级和新兴产业发展，培育新的经济增长点。

（一）驱动工业转型升级

大力推动大数据在工业研发设计、生产制造、经营管理、市场营销、售后服务等产品全生命周期、产业链全流程各环节的应用，分析感知用户需求，提升产品附加价值，打造智能工厂。建立面向不同行业、不同环节的工业大数据资源聚合和分析应用平台。抓住互联网跨界融合机遇，促进大数据、物联网、云计算和三维（3D）打印技术、个性化定制等在制造业全产业链集成运用，推动制造模式变革和工业转型升级。

（二）催生新兴产业

大力培育互联网金融、数据服务、数据探矿、数据化学、数据材料、数据制药等新业态，提升相关产业大数据资源的采集获取和分析利用能力，充分发掘数据资源支撑创新的潜力，带动技术研发体系创新、管理方式变革、商业模式创新和产业价值链体系重构，推动跨领域、跨行业的数据融合和协同创新，促进战略性新兴产业发展、服务业创新发展和信息消费扩大，探索形成协同发展的新业态、新模式，培育新的经济增长点。

（三）驱动农业农村发展

构建面向农业农村的综合信息服务体系，为农民生产生活提供综合、高效、便捷的信息服务，缩小城乡数字鸿沟，促进城乡发展一体化。加强农业农村经济大数据建设，完善村、县相关数据采集、传输、共享基础设施，建立农业、农村数据采集、运算、应用、服务体系，强化农村生态环境治理，增强乡村社会治理能力。统筹国内、国际农业数据资源，强化农业资源要素数据的集聚利用，提升预测预警能力。整合构建国家涉农大数据中心，推进各地区、各行业、各领域涉农数据资源的共享开放，加强数据资源发掘运用。加快农业大数据关键技术研发，加大示范力度，提升生产智能化、经营网络化、管理高效化、服务便捷化能力和水平。

（四）推进基础研究和核心技术攻关

围绕数据科学理论体系、大数据计算系统与分析理论、大数据驱动的颠覆性应用模型探索等重大基础研究进行前瞻布局，开展数据科学研究，引导和鼓励在大数据理论、方法及关键应用技术等方面展开探索。采取政、产、学、研、用相结合的协同创新模式和基于开源社区的开放创新模式，加强海量数据存储、数据清洗、数据分析发掘、数据可视化、信息安全与隐私保护等领域关键技术攻关，形成安全可靠的大数据技术体系。支持自然语言理解、机器学习、深度学习等人工智能技术创新，提升数据分析处理能力、知识发现能力和辅助决策能力。

（五）形成大数据产品体系和产业链

围绕数据采集、整理、分析、发掘、展现、应用等环节，支持大型通用海量数据存储与管理软件、大数据分析发掘软件、数据可视化软件等软件产品和海量数据存储设备、大数据一体机等硬件产品发展，带动芯片、操作系统等信息技术核心基础产品发展，打造较为健全的大数据产品体系。大力发展与重点行业领域业务流程及数据应用需求深度融合的大数据解决方案。

支持企业开展基于大数据的第三方数据分析发掘服务、技术外包服务和知识流程外包服务。鼓励企业根据数据资源基础和业务特色，积极发展互联网金融和移动金融等新业态。推动大数据与移动互联网、物联网、云计算的深度融合，深化大数据在各行业的创新应用，积极探索创新协作共赢的应用模式和商业模式。加强大数据应用创新能力建设，建立政、产、学、研、用联动，大、中、小企业协调发展的大数据产业体系。建立和完善大数据产业公共服务支撑体系，组建大数据开源社区和产业联盟，促进协同创新，加快计量、标准化、检验检测和认证认可等大数据产业质量技术基础建设，加速大数据应用普及。

二、"互联网+"推动产业融合发展

（一）推进企业互联网化

数字经济引领传统产业转型升级的步伐开始加快。以制造业为例，工业机器人、3D打印机等新装备、新技术在以长三角、珠三角等为主的制造业核心区域的应用明显加快。

1."互联网+"树立企业管理新理念

企业互联网思维包含极致用户体验（User Experience）、免费商业模式（Free mium）和精细化运营（Operation）三大要素，三大要素相互作用，形成一个完整的体系（或称互联网UFO模型）。互联网思维是在互联网时代的大背景下，传统行业拥抱互联网的重要思考方式和企业管理新理念。

互联网时代对企业生产、运营、管理和营销等诸多方面提出了新要求，企业必须转变传统思维模式，树立互联网思维模式。运用大数据等现代信息技术实现企业的精细化运营；坚持以用户心理需求为出发点，转变经营理念，秉承极少主义、快速迭代和微创新原则，实现产品的极致用户体验。

2. 推进企业互联网化的行动保障

政府通过加大中央预算内资金投入力度，引导更多社会资本进入，分步骤组织实施"互联网+"重大工程，重点促进以移动互联网、云计算、大数据、物联网为代表的新一代信息技术与制造、能源、服务、农业等领域的融合创新，发展壮大新兴业态，打造新的产业增长点。统筹利用现有财政专项资金，支持"互联网+"相关平台建设和应用示范；开展股权众筹等互联网金融创新试点，支持小微企业发展；降低创新型、成长型互联网企业的上市准入门槛，结合证券法修订和股票发行注册制改革，支持处于特定成长阶段、发展前景好但尚未盈利的互联网企业在创业板上市。鼓励开展"互联网+"试点示范，推进"互联网+"区域化、链条化发展。支持全面创新改革试验区、中关村等国家自主创新示范区、国家现代农业示范区先行先试，积极开展"互联网+"创新政策试点，破除新兴产业行业准入、数据开放、市场监管等方面的政策障碍，研究适应新兴业态特点的税收、保险政策，打造"互联网+"生态体系。

（二）推进产业互联网化

推进产业互联网化，就是推动互联网向传统行业渗透，加强互联网企业与传统行业跨界融合发展，提高传统产业的数字化、智能化水平，由此做大做强数字经济，拓展经济发展新空间。数字经济特有的资源性、加工性和服务性，为产业互联网化提供更为广阔的空间。总体来说，产业互联网化就是推进互联网与第一产业、第二产业和第三产业的深度融合、跨界发展。产业互联网化的过程就是传统产业转型发展、创新发展和升级发展的过程。

目前，应该以坚持供给侧结构改革为主线，重点推进农业互联网化，这是实现农业现代化的重要途径；重点推进制造业互联网化，是实现制造业数字化、智能化的重要途径；重点推进服务产业的互联网化，是推进第三产业数字化发展的重要手段。大数据的迅猛发展，加快了产业"互联网+"行动进程。未来一段时间内，大数据将驱动金融、教育、医疗、交通和旅游等行业快速发展。

三、加快信息技术产业和数字内容产业发展

在数字经济时代，发达国家经济增长的决定性因素由要素投入的"规模效应"转变为知识"溢出效应"，以信息数字技术为核心的知识密集型产业正在成为新的经济增长点。

我国也应该顺应知识密集型产业发展的历史潮流，加快新一代信息技术创新，积极发展数字内容产业，通过产业融合和链条经济推动产业结构升级调整。

（一）加强新一代信息技术产业发展

当前，以云计算、物联网、下一代互联网为代表的新一代信息技术创新方兴未艾，广泛渗透到经济社会的各个领域，成为促进创新、经济增长和社会变革的主要驱动力。由于我国是在工业化的历史任务远没有完成的背景下发展数字经济的，因此必须积极通过新一代信息技术创新，发挥新一代信息技术带动力强、渗透力广、影响力大的特点，充分利用后发优势推动工业、服务业结构升级，走信息化与工业化深度融合的新型工业化道路。

（二）重视数字内容产业的发展

数字经济已经从"硬件为王""软件为王"进入"内容为王"的时代，数字内容产业正逐渐成为增长最快的产业。然而，同数字经济发达国家比较，我国数字内容产业在产业链条、产业规划和法律环境等方面还存在一定的差距。首先，发达国家数字内容产业通常以内容产品为核心，通过产业前向和后向关联机制衍生出产业链条；国内数字内容产业则"有产无链"，没有充分发挥数字内容产业所蕴含的链条经济效应。其次，当前数字内容产业在各省份、地区蜂拥而上，缺乏国家层面的规划布局，造成重复建设、同质竞争和资源浪费，不利于产业未来做大做强。最后，国内知识产权保护意识薄弱，各种侵权行为层出不穷，严重侵害了数字内容产品开发者的利益，大大抑制了数字内容产业的创新步伐。因此，我国必须统筹制定数字内容产业发展规划，加大知识产权保护力度，以链条经济充分带动数字内容产业的发展。

总之，数字经济在我国已经扬帆起航，正在打破传统的产业发展格局。为此，政府需要从数字经济发展的平台建设、"互联网＋"行动计划、重视数字内容产业发展等方面采取措施，推进新形势下我国产业结构调整，提高信息化程度，积极应对数字经济发展。

第三节　共享参与战略决策

数字改变生活，数字经济发展也正在改变我们的明天。数字经济时代，社会和公众如何共同参与数字经济发展，使经济社会发展的成果惠及全社会和广大民众，这才是国家加快数字经济发展的出发点和最终落脚点。

一、弥合数字鸿沟，平衡数字资源

目前，我国数字经济发展的最显著优势是网民众多，这有利于我国成功从人口红利向网民红利转变。但是，以互联网为代表的数字革命普及和应用的不平衡的现实仍客观存在。

（一）数字鸿沟的主要表现

从横向观察，数字鸿沟的具体表现形态是多样的，既有微观主体视角下个人、企业层面的数字鸿沟，又有宏观视角下地区、国家层面的数字鸿沟。

从个体层面观察，数字化浪潮中，年轻人可以快速学会和使用移动支付、预约出行、网络订餐等数字技术应用，成为数字时代的弄潮儿。

从企业层面观察，一方面，不同行业的企业之间存在数字鸿沟。我国零售、文娱、金融等接近消费端的企业，很多已经接近或完成了数字化转型，而制造业、资源性行业的数字化程度则相对较低。另一方面，即使是在同一个行业内部，企业数字化的程度也有巨大的差异。

从地区层面观察，我国地区之间的数字鸿沟突出地表现在城市和乡村之间，以及东中西部地区之间。

从国家层面观察，数字鸿沟表现为国家与国家之间数字技术应用水平的差异。其中最突出的是发达国家与发展中国家之间的数字鸿沟。

（二）数字鸿沟产生的影响

数字鸿沟问题之所以会引起国际社会和我国政府的广泛关注，主要是因为数字鸿沟的存在和持续扩大会使基于数字经济的利益分配趋向不均等化，进而产生强者愈强、弱者愈弱的马太效应。从社会资本的角度看，使用数字技术的各类主体，能快速数字化其原有的关系网络和拓展新的关系网络，并将这些数字化的社会资本转化为新的经济社会资源。而无法使用数字技术的群体，则会因为其只能依赖原有的社会资本而被远远甩在后面。

1. 数字鸿沟使个体机会的不均等加剧

数字化程度高的地区，学校学生可以通过互联网获取名师课程、在线习题等海量的教育资源，而对欠发达地区的学生而言，传统的课堂学习仍是获取知识的主要渠道，这势必会进一步拉大本就已经存在的教育机会不均等。

2. 数字鸿沟使企业竞争的不平等加剧

企业通过数字化转型，可以在市场竞争中占据优势地位，如通过建设智能工厂提升其内部的生产效率，使用电子商务增强其开拓国内外市场的能力等。

3.数字鸿沟使地区发展不协调加剧

从发展机会看，农村地区、中西部一些地区由于数字基础设施不完善、专业技术人员缺乏等，难以发展人工智能、大数据、云计算等相关产业，错失了数字经济发展的重要机遇。相比于浙江、广东、福建等东部地区抢抓机遇，布局数字经济，中西部地区在数字经济大潮面前显得相对沉寂。从发展结果看，城市相比农村、东部地区相比中西部地区，数字产业化、产业数字化的程度都更高，数字化治理更完善，数据价值化挖掘也更充分。由此，数字经济红利分配格局呈现出城市多、农村少，东部多、中西部少的局面，这势必会进一步加重拉大本已存在的地区发展不平衡、不协调问题。

4.数字鸿沟使全球发展不平衡加剧

数字技术传播的过程，同样也是全球财富积累的过程。而发展中国家则受限于自身经济发展水平和数字技术水平，一方面，很难成为数字消费国，无法享受数字技术带来的生产生活便利；另一方面，即使成了数字消费国，也很难实现从数字消费国到数字生产国的转变。这就使发展中国家在全球数字经济红利的分配中处于非常被动的地位。

（三）弥合数字鸿沟的主要途径

1.以硬件设施升级为重点弥合"接入鸿沟"

第一，扩大数字基础设施覆盖范围。推动"数字丝绸之路"建设，持续加大固定宽带网络和移动通信基站的建设投入，并给予充分的资金和技术援助，包括数字基础设施建设的贷款和利率优惠、数字技术专利的适度共享等。同时，创新互联网接入方法，加快全球低轨宽带互联网星座系统部署，为偏远地区提供稳定的互联网接入方式。第二，提高互联网接入质量和传输能力。鼓励宽带技术、5G通信技术的创新与应用，提高数据传输速率、减少延迟、节省能源、提高系统容量，为在线学习、视频会议、智能制造、远程医疗等领域提供关键的支撑。第三，降低宽带和移动流量套餐资费。有序开放电信市场，以市场化竞争倒逼电信企业提高运营效率，降低服务资费。鼓励电信企业面向贫困学生等用户群体提供定向流量优惠套餐，面向中小企业降低互联网专线资费。

2.以软件服务优化为抓手弥合"使用鸿沟"

一是培育专业化的数字人才队伍。通过组织优秀人才留学访问、跨地区交流等方式，将专业人才作为数字技术传播的桥梁和纽带，吸收发达地区的先进数字技术应用经验，不断提升群众的数字技能。二是优化数字教育资源公共品供给。各国政府与国际组织应当打造全国性和全球性的数字教育资源公共服务平台，指导教师运用数字化教学设备，提升在线授课技巧；帮助学生熟悉各类数字教育软件，提升在线学习效率。三是助推传统企业数字化转型升级。政府和行业组织应当鼓励传统企业学习数字化领军企业的成功转型经验，为企业运用工业互联网平台、建设智能工厂、打造智慧供应链提供专业技术指导。

3.以数字素养培育为特色弥合"能力鸿沟"

明确角色定位，推动形成以政府机构为规划领导者，教育机构为具体执行者，社会力量为辅助者的多主体数字素养培育体系。在这个体系下，包括学生、工人在内的全体社会公民都是数字素养培育的对象。制定培育目标，构建集数字资源收集和鉴别能力、数字知识利用和交流能力、数字内容创造和输出能力、数字安全维护能力为一体的多元化培育框架。倡导有教无类，面向不同家庭背景、不同学历层次、不同工作岗位的群体，将数字素养培育融入家庭教育、学校教育、职业教育、社会教育中，打造全方位的数字素养培育模式。

二、大力倡导大众创业、万众创新

适应国家创新驱动发展战略，实施大数据创新行动计划，鼓励企业和公众发掘利用开放数据资源，激发创新、创业活力，促进创新链和产业链深度融合，推动大数据发展与科研创新有机结合，形成大数据驱动型的科研创新模式，打通科技创新和经济社会发展之间的通道，推动万众创新、开放创新和联动创新。

（一）扶持社会创新发展

数字经济是未来经济发展的新蓝海，蕴藏巨大的商机并展现更为广阔的市场。面对数字经济带来的新机遇、新挑战，政府应该帮助社会创新发展，因为只有创新才能使社会大众从数字经济的金矿里挖掘更多的"金子"。

1.鼓励和扶持大学生和职业院校毕业生创业

实施"大学生创业引领计划"，培育大学生创业先锋，支持大学生（毕业5年内）开展创业、创新活动。通过创业、创新座谈会，聘请专家举办讲座等形式鼓励和引导大学生创业、创新。积极扶持职业中专、普通中专学校毕业生到各领域创业，享受普通高校毕业生的同等待遇。免费为职业学校毕业生提供创业咨询、法律援助等服务。

2.支持机关事业单位人员创业

对机关事业单位工作人员经批准辞职创业的，辞职前的工作年限视为机关事业社保缴费年限，辞职创业后可按机关事业保险标准自行续交，退休后享受机关事业单位保险机关待遇。

3.鼓励专业技术人员创业

鼓励专业技术人员创业，探索高校、科研院所等事业单位专业技术人员在职创业、离岗创业的有关政策。对离岗创业的，经原单位同意，可在 3 年内保留人事关系，与原单位其他在岗人员同等享有参加职称评聘、岗位等级晋升和社会保险等方面的权利。鼓励利用财政性资金设立的科研机构、普通高校、职业院校，通过合作实施、转让、许可和投资等方式，向高校毕业生创设的小型企业优先转移科技成果。完善科技人员创业股权激励政策，放宽股权奖励、股权出售的企业设立年限和盈利水平限制。

4. 创造良好创业、创新政策环境

简化注册登记事项，工商部门实行零收费，同时实行创业补贴和税收减免政策。取消最低注册资本限制，实行注册资本认缴制；清理工商登记前置审批项目，推行"先照后证"登记制度；放宽住所登记条件，申请人提供合法的住所使用证明即可办理登记；加快"三证合一"登记制度改革步伐，推进实现注册登记便利化。

5. 实行优惠电商扶持政策

依托"互联网+"、大数据等，推动各行业创新商业模式，建立和完善线上与线下、境内与境外、政府与市场开放合作等创业、创新机制。全面落实国家已明确的有关电子商务税收支持政策，鼓励个人网商向个体工商户或电商企业转型，对电子商务企业纳税有困难且符合减免条件的，报经地税部门批准，酌情减免地方水利建设基金、房产税、城镇土地使用税；支持电子商务及相关服务企业参与高新技术企业、软件生产企业和技术先进型服务企业认定，如符合条件并通过认定的，可享受高新技术企业等相关税收优惠政策。

（二）规范和维护网络安全

随着移动互联网各种新生业务的快速发展，网民网络安全环境日趋复杂。为此，政府需要加强法律制度建设，提高网民网络安全意识，维护社会公共利益，保护公民、法人和其他组织的合法权益，促进经济社会信息化健康发展。

1. 网络安全事件类型

我国网民面临的主要网络安全事件包括网上诈骗、设备中病毒、木马、账号或密码被盗以及个人信息泄露等情况。数据使用管理不规范，个人信息安全保护不力，既损害了公众利益，影响社会安定，又打击了社会公众开放共享数据信息的信心，不利于大数据产业的长远发展，影响我国经济的转型升级。

2. 加强网络安全监管

随着移动互联网各种新生业务的快速发展，网民网络安全环境日趋复杂。当前，大数据已从互联网领域延伸至电信、金融、地产、贸易等各行各业，与大数据市场相关联的新技术、新产品、新服务、新业态不断涌现，并不断融入社会公众生活。大数据在为社会发

展带来新机遇的同时，也给社会安全管理带来新挑战。

针对以上问题，应结合我国实际，借鉴国际经验，尽快启动规范数据使用和保护个人信息安全方面的立法工作。规范数据使用管理，对非法盗取、非法出售、非法使用、过度披露数据信息的行为开展专项打击，整顿市场秩序。将个人使用数据的失当行为纳入公民社会信用记录，有效净化数据使用环境。同时还要强化行业自律，将有关内容纳入各行业协会自律公约中，建立互联网、电信、金融、医疗、旅游等行业从业人员保守客户信息安全承诺和违约同业惩戒制度。

（三）树立共享协作意识

移动互联网平台、大数据平台和手机 App 等现代信息技术平台的推广运用，使社会、公众的联系愈加紧密。这也为数字经济时代社会协作发展提供了可能。

1. 积极发挥社会组织公益式孵化作用

社会组织本质上是自愿结社，具有平等共享和自发的特点。成员之间平等交流、同业互助的社会关系能促进良性的创新思维。同时，自发成立的社会组织本身也是一种创业和创新，可以说，社会组织天然具有创新、创业基因。为了提高创业、创新的成功概率，应该积极发挥社会组织对创业者的公益式孵化作用，弥补国家、政府、企业无法顾及的创业、创新领域。

2. 坚持共享协作发展

数字经济时代，创业创新发展不再是单兵作战、孤军奋战，而是社会全面共享协作发展。所以，创业创新发展要获得巨大成功必须充分利用移动互联网平台、手机 App 等数字化服务，加强政府、企业、社会共享协作发展，构建"政府引导、企业主导发展、社会共享协同参与"的数字经济发展新格局。

总之，数字经济发展成果广泛惠及社会民众，这是数字经济发展的根本。所以，弥合数字鸿沟，平衡数字资源，是社会共享参与数字经济发展的基本前提；大力倡导"大众创业、万众创新"战略行动，是社会共享参与数字经济发展的具体实践；规范和加强网络安全，加紧网络安全法规制度建设，是社会共享参与数字经济发展的重要保证。

第四章　数字经济下的产业变革

第一节　数字经济下制造业的变革

数字经济时代给制造业带来的变革，就是"新制造"的兴起。而数字经济是新实体经济，最突出的表现就是数字经济所带来的新制造。

一、制造业的未来是智能化

"新制造"是指应用互联网、物联网、云计算和大数据等新一代信息技术，以用户需求为出发点提供个性化、定制化的产品和服务的生产制造模式。通俗地讲，就是用"新的制造方式"生产"新的产品"，提供"新的服务"。

1. 新的制造方式

用物联网、移动互联网、机器人等技术配合精益管理方法实现智能制造、个性化定制和柔性化生产。例如，家具企业索菲亚通过引入德国豪迈柔性生产线，配合 3D 设计、条码应用技术、数据库等软件技术建设了亚洲最大的柔性化生产线，实现了订单自动拆解，自动开料、封边和装配。

2. 新的产品，即智能化的产品

新的智能化产品嵌入传感器等数据采集装置，不断采集用户使用信息、设备运行数据到云端，实现对用户行为和设备运行情况的管理。

3. 新的服务

新的制造方式催生出研发、设计、软件服务等生产性服务；智能产品采集的数据会形成数据服务，包括远程设备管理维护、用户数据服务等。

新制造是嵌套在整个 C2B 商业模式中的，与新零售是紧密联系在一起的。没有新零售就没有新制造。C2B 包括客户定义价值、个性化营销、拉动式配销体系、柔性化生产四个部分。

其中，新制造以客户驱动、数据全流程贯通、个性化定制、柔性化生产为主要特征。

二、新制造与传统制造的区别

1. 商业模式不同

传统制造局限在 B2C（厂商主导）的模式之下，生产什么、生产多少、何时生产，都是由厂家决定的，追求的是标准化、规模化、低成本。

新制造是 C2B 模式的其中一环，生产什么、生产多少、何时生产、全部由市场需求决定，追求个性化、高价值。新制造的生产体系能适应多品种、小批量、快速反应的生产要求。

2. 技术基础不同

传统制造是第二次工业革命的产物，以公用电力为主要能源，以自动化设备的流水线生产为主要特征。

新制造以物联网为主要技术基础，以数据为主要供给能源，以柔性化的智能制造为主要特征。以一支高尔夫球杆为例，如果我们在球杆中加入传感器，就能记录下消费者每一次挥杆的力度、击球的位置等。成千上万的数据汇聚在云端做深度分析，来帮助工厂改善其生产制造和开发新的产品；同时，我们可以针对这个消费者进行智能化的服务，帮助他进行训练或纠正不好的使用习惯，提升球技。

3. 价值不同

传统制造与研发、营销、服务分离，位于价值链的低端。

新制造将研发、营销和服务融为一体，通过生产服务化、产品智能化、服务数据化，大大提高了生产制造的价值含量，改变了微笑曲线的形状。

三、制造业变革

（一）数据驱动的制造业变革

大数据、云计算等新一代信息技术的崛起，使人类社会从 IT 时代向 DT 时代转变。大数据在深刻改变生产生活的同时，也促使制造企业的经营管理发生了重大变革。

和 IT 时代的传统制造业所不同的是，DT 时代的制造业更加注重创新、创造，人类智慧的作用能得到进一步体现，利润获取回归到价值创造本质。DT 时代将涌现大量的新模式、新业态，机器将被赋予如人一般的思考与决策能力，成为人类生产生活的绝佳伙伴。

随着互联网、物联网、云计算等信息技术迅猛发展，很多行业都涌现出大量数据，对身处其中的企业来说，这既是机遇，也是挑战。近年来，由于智能化技术的迅速迭代，制造业企业的日常运营活动对大数据产生了较强的依赖。当前，制造业的整个价值链、产品的整个生命周期都会产生大量数据，同时，制造业企业的数据量仍在迅猛增长。

在网络协同环境下，企业在推出大规模定制之后需要实时从网上获取消费者的个性化定制数据，发挥网络的协同作用，对各方资源进行优化配置，对各类数据进行有效管理。

1. 数据驱动的大规模定制

对制造业来说，大数据是其实现大规模定制的基础，其在制造业大规模定制中的应用包括数据采集、数据管理、智能化制造、订单管理、定制平台等，其中定制平台是核心。定制数据达到一定规模就能实现大数据的应用。企业通过对大数据进行挖掘、分析，可对流行趋势进行有效预测，实现精准匹配、社交管理、营销推送等多种应用。同时，通过大数据挖掘，制造业企业还能开展精准营销，使物流成本、库存成本、资源投入风险均得以有效下降。

大数据分析可提升企业的仓储、配送及销售效率，减少库存，降低成本，优化供应链。同时，制造业企业还能利用销售数据、传感器收集到的数据、供应商数据对不同市场上的商品需求做出精准预测。企业可通过这种方式实时监控商品库存与产品销售价格，因此可以在很大程度上降低成本。

从本质上看，工业 4.0 是利用信息物理系统（CPS）构建智能工厂，让智能设备利用经过处理的信息自我调整，自行驱动组织生产，直到将产品真正生产出来。由此可见，智能工厂让制造业大规模定制有了落地实现的可能。

为了满足消费者的个性化需求，一方面，制造企业要为消费者提供符合其需求的产品或服务；另一方面，制造企业要为消费者提供个性化的定制服务。因为消费者数量比较多，且需求各有不同，再加上需求不断改变，这些数据汇聚在一起就形成了产品需求大数据。

消费者与制造企业之间的交互行为也会产生大量数据，对这些数据进行挖掘和分析，可以让消费者参与到产品需求分析、产品设计等活动中来，真正实现产品创新。企业只有做好数据处理，将处理之后的数据传输给智能设备，然后对数据进行挖掘、分析，指导设备进行优化调整，才能真正实现定制化生产，输出能满足消费者个性化需求的产品。

2. 新一代智能工厂

为了满足消费者的个性化需求，传统制造业必须改变现有的生产方式与制造模式，对消费过程中产生的数据与信息进行充分挖掘。同时，非标产品在生产过程中也会产生大量数据，企业需要对这些数据及时进行收集、处理、分析，用处理结果对生产活动进行指导。

以互联网为媒介，这两类大数据信息在智能设备之间流通，企业利用智能设备进行分析、判断、决策、调控，然后组织开展智能生产，最终生产出能够满足消费者个性化需求的产品。从这方面来说，智能工厂是在大数据的基础上建立起来的。

智能工厂中的大数据是在信息与物理世界的交互作用下产生的。在引入大数据之后，制造业迎来了一个全新的变革时代。以过去制造业生产管理的信息数据为基础，以物联网为依托实现物理数据感知，企业建成生产数据私有云，推动制造业在研发、生产、运营、销售、管理等方面发生了巨大变革，加快了制造业的发展速度，提升了生产效率，增强了自身的感知力、洞察力。

（二）基于新制造理念的模式创新

新制造还有巨大潜力尚未被挖掘出来，正是基于这一点，如果将制造企业所有设备、生产线的数据全部打通，让它们全部实现智能化，就能使制造企业的价值创造模式发生根本性变革。除此之外，新制造的竞争力来源于其背后蕴藏的创造思想、体验、服务能力，而不是制造本身。

1. 按需定制

传统制造业是由厂商根据往期的订单情况制订销售计划。在这种模式下，厂商和消费者之间存在大量中间环节，很难了解用户的真正需求。随着生产力的不断提升，以及越来越多的创业者与企业进入制造业领域，行业面临严重的产能过剩问题。而新制造将由用户主导，从 B2C 模式转变为 C2B 模式，让厂商能和用户无缝对接，基于用户需求与数据分析按单生产，满足用户个性化需求的同时，为自身创造更多的利润。

2. 云上大数据

未来的制造业是由数据驱动的，数据将成为不可或缺的重要生产资源。当然，想要充分发掘数据潜在价值，就要将大数据与云计算技术充分结合起来。推动传统制造业变革已成为中国、美国、日本、欧盟等经济体的重要战略，企业要充分利用数据来推动制造流程的精细化管理，促进生产线的柔性化、数字化、智能化。

对企业而言，发展新制造，打破数据孤岛是关键。传统制造企业内部以及上下游企业之间各系统处于封闭状态，缺乏统一的数据采集、存储、分析及应用标准，难以实现数据资源的高度整合与共享，不能实时了解生产线设备运行状况、库存信息、销售状况等，无法及时制定科学合理的经营管理决策，增加了企业经营的风险。

而转型新制造后，制造产业链中的商流、物流、资金流、信息流能实现自由高效流通；MES、ERP、PLM 等信息化软件的应用，将有效解决信息孤岛问题；装备操作信息、运行状态、环境参数等将被实时上传至云端数据库；同时，企业将结合 PLM、ERP 等数据，对生产过程不断优化完善。

以大数据技术为核心的智能应用将有力地促进企业的流程、组织模式及商业模式创新，是建设智能制造云端的核心组成部分。具体来看，以大数据技术为核心的智能应用主要包括以下四点。

（1）生产过程的持续优化；

（2）产品的全生命周期管理；

（3）企业管理决策的优化完善；

（4）资源的匹配协同。

未来，制造业设备的全面物联化以及业务系统的无缝对接，将使从制造生产到客户交付的整个过程实现数据化、智能化，而对过程数据进行深入分析，将为企业经营管理决策提供强有力支持，催生一系列全新的管理方式、商业模式。

3. 柔性制造

柔性制造是个性需求崛起时代出现的一种新型制造理念，由于企业面临的市场环境与用户需求具有较高的不确定性，且技术更新迭代使产品生命周期越来越短，企业必须提高自身的灵活供给能力，力求在满足用户个性需要的同时，将成本与交付周期控制在合理范围。

柔性制造未来趋势包括以下五点。

（1）生产线日渐缩短，设备投资占比不断降低；

（2）中间库存明显减少，厂房等资源得到充分利用；

（3）交付周期越来越短，用户体验逐步提升；

（4）成本损耗不断降低，生产效率明显提升；

（5）制造过程用户可参与，为其创造独特价值。

制造业服务化是新制造的典型特征，其价值创造并不局限于制造本身，更为关键的是用户获得的极致服务与独特体验。长期来看，世界经济低迷状态仍将持续一段较长的时间，中国制造业从传统制造向新制造转型也并非一件短时间内可以完成的事情，广大制造企业要做好打持久战、攻坚战的准备，加强服务与创新意识，不断提高自身的盈利能力。

新制造给制造行业带来了新的发展机遇。行业头部的制造企业在智能化转型这条道路上没有停留在基础的感知阶段，而是努力地向新制造的高级阶段迈进，探索更多可能性。正因如此，那些迟迟不能坚定信心、做出决策的企业与那些积极拥抱新制造的企业之间的差距会越来越大。为避免被淘汰，接下来，制造企业要积极拥抱变化，主动改革，向新制造转型升级。

四、发展新制造的意义

在互联网条件下，制造业的转型升级不是独立发生的，而是呈现营销—零售—批发—

制造的一个倒逼过程。在这个过程中，制造业出现由需求驱动生产的 C2B 模型，而柔性化是制造端的主要转型方向。实际上，在互联网出现之前，很多大型企业已经在探索大规模个性化定制、拉动式供应链，并取得了卓越的成绩。但是互联网和电子商务的出现加速了这种进程，更多的中小企业也可以进行这种变革，并从中受益。

新制造的上半身是新零售，下半身是柔性生产，而中国作为全球最大的网络消费市场和制造大国，具备别国不具有的双重优势。互联网带来了新的竞争空间和新竞争规则，如果政策得当，中国在制造业领域完全可以走出一条独特的道路。

第二节　数字经济下金融领域的变革

随着移动互联网、云计算、大数据、人工智能、物联网、区块链、网络安全等先进信息技术应用的迅速发展，全球信息化进入全面渗透、跨界融合、加速创新、引领发展的新阶段。金融与科技融合创新，催生金融科技（FinTech）浪潮席卷全球。传统金融机构积极利用金融技术推动业务创新和经营转型，一大批新兴科技企业、互联网金融服务企业积极融入金融领域，迅速发展壮大。传统金融机构、监管机构与新兴金融科技企业等共同构成一个金融生态体系，共同推动我国金融业的创新、变革与发展。

一、数字经济背景下的金融业

金融业是比农业更加古老的行业，每一次技术进步都推动金融业也随之发生变化。数字经济给金融业带来的最大变革是推动科技在金融中的应用和金融的普惠化。尽管数字经济时代，金融的本质不会发生改变，但智能技术能帮助降低金融交易的成本，扩大交易范围，帮助金融业普惠化。

（一）金融与好的社会

金融的本质没变，还是交易各方的跨期价值交换，是信用的交换。互联网的出现改变了金融交易的范围、人数、金额和环境，但没有改变金融交易的本质。

人们的日常生活中充满了各种不确定性、各种风险事件，因此，对金融服务的需求，可以说是每一个人都需要的基本需求。但是，在传统金融下，由于技术的约束，大多数人的金融产品成本过高，金融机构无法实现盈利。因此，整个社会中只能有少部分人能享受到金融服务。随着数字经济的发展，这一状况正在发生改变。

数字经济的发展，使金融变得更加普惠，能服务于那些处于原有金融体系之外的群体，推动一个更加美好的社会到来。

（二）数字经济催生新金融

新金融与传统金融相比是一种新的金融服务体系——它以技术和数据为驱动力，以信用体系为基石，降低金融服务成本、提升金融服务效率，使所有社会阶层和群体平等地享有金融服务，并且它与日常生活和生产紧密结合，促进所有消费者在改善生活、所有企业在未来发展中分享平等的机会。

这一定位包含四层意义。

1. 新金融以技术为生产力，以数据为生产资料

两者结合对新金融产生的核心作用在于降低金融服务成本，提升金融服务效率：一方面缓解传统金融在触达获客、系统运营、风险甄别、风险化解等环节中的成本问题，极大地降低单客边际成本；另一方面以高效的算力和智能的算法，结合广谱多维的数据，帮助金融服务中实现决策，极大地缩短从前人工方式需要数天甚至数月的服务周期，甚至达到实时水平，同时避免人为判断失误等原因，达到更精准科学的决策。而金融服务成本降低和效率提升，最终体现在两个方面：一是拓展金融服务的边界，服务于更多人，服务于更多生活和生产场景；二是提升金融服务的体验，让消费者享受安全、便捷、丰富的金融服务。

2. 信用体系不只是新金融的基础，也是整个新商业文明的基石

信用体系的作用在于消除信息不对称，建立互信关系，它不只是金融服务的基础，更是整个商业文明的基石。但传统信用体系存在数据来源单一、更新频率低、用户覆盖不足等问题，新金融基于广谱多维、实时鲜活的数据来源，通过高效的算力和智能的算法，建立健全大数据征信，极大地补充了传统信用体系，并且不只用于信贷、保险等传统金融领域，更将其拓展至出行、住宿、教育、就业等更多与日常生活息息相关的领域，成为整个商业文明的基石，推动诚信社会的建立。

3. 新金融通过提供平等的金融服务促进包容性经济增长

新金融首先为所有社会阶层和群体提供平等的金融服务，尤其是普通消费者和小微企业，保障社会所有群体共享普惠金融的红利。更进一步来说，新金融作为新商业文明的重要一环，进一步发挥金融在资源优化、匹配新供需关系上的作用，让所有社会阶层和群体在公平的环境中共享未来发展机会。

4. 新金融服务于实体经济，与日常生活和生产紧密结合

真正将金融与生活和生产融为一体，对普通消费者而言，金融不再是冷冰冰的金融产

品，而是支付宝、余额宝、花呗、信用贷、退货运费险、芝麻信用分等已成为"家常便饭"的生活方式；对企业，尤其是小微企业而言，支付服务解决零售服务"最后一公里"触达问题、基于大数据的企业征信和小微贷款解决"融资难"问题，低门槛、低成本的金融服务成为"大众创业、万众创新"的保障。总之，新金融融入日常生活和生产，与新零售和新制造等新商业文明有机结合，能更好地服务于实体经济。

二、数字经济改变金融业

新金融出现的背后是两方面原因：一是数字经济时代下数字技术大发展为新金融提供驱动力；二是新经济需要以普惠为核心的新金融有力支撑。

（一）数字经济时代下数字技术大发展为新金融提供驱动力，降低成本、提高效率

技术驱动是新金融发展的驱动力，也是新金融最鲜明的特色，通过数字技术发展，有效解决金融服务的触达、认证、风控、运营、审计等环节的难题。数字技术的核心作用在于降低成本和提高效率两点，最终目的在于：一是拓展金融服务边界，让金融能服务更多人、更多商业场景；二是提升金融服务体验，让所有人能平等地享受便捷、安全、可信的金融服务。

具体来说，移动互联技术有效地缓解了过去金融获客成本高、用户体验不便的问题，让金融以低成本的方式便捷、有效地触达社会各个群体。大数据极大地消弭了金融服务的最核心问题——信息不对称性，有效甄别风险，保障消费者权益不受侵害，同时让金融服务风险损失可控、可持续发展。生物识别通过交叉使用人脸、眼纹、虹膜、指纹、掌纹等多个生物特征，已可实现比人眼更精准的远程识别，解决"如何证明你是你"的难题，尤其是为边远地区传统金融服务难以触达的地方提供便捷的金融触达。人工智能技术提升了大数据处理效率，并能通过深度学习的方式不断迭代升级，模拟人类思考方式，用技术拓展金融服务的边界。云计算通过低成本、高扩展性的运算集群极大地降低金融服务运营和创新成本，并提升其服务效能。区块链技术让资金和信息流动可审计可追溯，保障金融服务透明可信。相信未来还有更多的数字技术被用于新金融服务，为其发展拓展更多想象空间。

（二）新经济需要以普惠为核心的新金融有力支撑，匹配供需两侧优化

过去几年，中国人口红利所带来的传统动能正在逐步减弱，取而代之的是不断发展以创新驱动的新动能，生产要素通过供给侧改革正在逐步实现结构性优化，生产小型化、智

能化、专业化将成为产业组织新特征，这其中，生产更灵活、更富有创新活力的小微企业的作用日渐凸显。另外，从需求侧角度来看，传统由投资和出口拉动的"三驾马车"正转变为消费驱动。一方面消费需求规模正在快速增长；另一方面消费方式也正在升级，模仿型、排浪式消费阶段基本结束，个性化、多样化消费渐成主流。

从供给侧角度看，小微企业无法获得服务的主要原因在于单体服务成本高、风险甄别难度高这两方面，而这正是新金融的优势所在。一方面，通过移动互联、大数据、云计算、人工智能等技术不断降低获客和运营所带来的可变成本，单个小微企业的服务边际成本已趋于极低，为包括小微企业在内的所有企业提供平等的金融服务已成为可能；另一方面，技术和数据驱动的不断完善的社会信用体系已成为新金融的基石，企业信用数据覆盖面的提升也降低了甄别风险的难度，让更多的小微企业可被纳入金融服务范畴。

例如，芝麻信用为上亿户信用记录缺失而被金融服务拒之门外的用户提供大数据征信服务，并提供不断丰富的征信应用场景，如租车和租房免押金、办理出国签证、申办信用卡等；余额宝将理财门槛降低至一元起，普通大众通过互联网理财享受一定收益的同时还可方便地用于日常消费；场景保险中的典型代表"退货运费险"，解决消费者和小商户之间的互信问题，减少因交易摩擦而产生的成本，其中大数据技术有效地解决了保险中的"逆选择"难题；支付宝为消费者提供快捷、安全的支付体验，即使在偏远的农村地区，也可通过互联网或移动互联网方便地购买和城市居民一样品质的货物。

三、金融业新形态

（一）服务实体经济

新金融的价值意义在于它能促进社会向更好的方向发展，包括一个更公平的社会、一个更高效的社会、一个更诚信的社会、一个可持续发展的社会，同时，新金融及其价值在全球都可复制。

（1）更公平的社会——普惠金融体系促进包容性经济增长，金融民主化为所有个体提供未来发展机会上的公平性（普惠）。借助数据和技术，新金融致力于消除由于金融服务成本、风险和效率问题带来的不平等，让每个用户都享有平等的权利，自由获取所需要的金融服务，进而促进整个社会在获取生活改善与未来发展机会上的公平性。

（2）更高效的社会——重构资源组织、供需匹配，以便捷高效的金融服务满足经济发展需求（新供需关系）。提高资源配置效率、优化供给和需求两侧匹配关系是经济学的核心问题，新金融依托技术和数据，在服务上不断创新，既满足小型化、智能化、专业化的生产供给，也满足个性化、多样化、便捷化的日常消费。

新金融对消费型经济的促进已初露端倪。以网络支付为例，作为电子商务发展的底盘，激发消费潜力，在世界范围内换道超车，取得领先地位。其他包括消费金融、大数据征信、消费场景保险等金融服务也成为结合生活场景提升消费便利性和安全性，进一步刺激消费的有益创新。

（3）更诚信的社会——完善商业文明的信用基础设施，推动诚信社会的建设（信用社会）。信用体系不只是金融服务的基础设施，也是整个社会经济发展的基础设施。"车无辕而不行，人无信而不立。"信用本质是甄别风险，解决各个场景中的信息不对称问题，在不同场景下具有灵活多变的特性，如在金融领域，可成为风控手段，应用于反欺诈和信用卡、信贷审核等，提高准确率和覆盖率；而在生活领域，则可解决商户与人、人与人之间的信任问题，在出行、住宿、签证、招聘等一系列生活场景中提高双方便捷性和可靠性。

在用户授权的前提下，大数据征信依据用户各维度数据，运用云计算及机器学习等技术，为个人或企业提供信用肖像的刻画，成为传统征信体系的有机补充。与传统征信体系相比，具有数据源广谱多维和实时鲜活的特点。

同时，个人良好信用积累所带来的更便捷的生活方式，将对消费者和企业有良好的示范作用，助力推动诚信社会的建设。

（4）可持续发展的社会——推动绿色金融发展，以可持续发展的方式建设节能低碳社会（绿色金融）。新金融基于生活场景，调动普通民众参与低碳消费生活的积极性，推动绿色消费意识的普及。蚂蚁金服计划为每个用户建立一个碳账户，用于度量其消费、出行、生活等领域的碳减排。鼓励用户步行、自行车出行、乘坐公共交通工具等低碳生活方式，同时希望一些公共交通、环保交通企业能加入自愿碳减排交易（Voluntary Emission Reduction，VER）或者中国核证减排量（Chinese Certified Emission Reduction，CCER）减排机制中，将碳资产在减排企业与使用用户之间进行合理的比例分配，鼓励全民主动选择低碳生活方式。同时，支付宝还可以通过秀碳积分、点赞、贴低碳标签等方式，推动低碳、绿色兴趣社交和社群建立，促进各种新生活网络社区形成，积极推广普及低碳意识和绿色生活方式。

（5）可复制——新金融的发展模式及社会价值可推广至全球，为世界所共享（全球化）。新金融实践不仅在中国获得成功，在世界范围内，尤其是发展中国家，也被证实是可行可复制的。"新金融"模式被证实不只"成于中国"，更可"享于世界"。

（二）数字普惠金融

近年来，尽管普惠金融发展迅速，但仍然面临着成本高、效率低、"最后一公里"难以打通、商业可持续性不强等一系列全球性难题。随着数字化时代的到来，普惠金融与数字技术加速融合创新，为解决上述难题提供了一条可行的路径。

数字普惠金融泛指运用数字技术来促进金融普惠。它具体包括：运用数字技术为原先无法获得或者缺乏金融服务的人群提供一系列正规金融服务，所提供的金融服务对被服务对象而言必须是适当的、负责任的、成本可负担的，同时对金融服务者而言是可持续的。

数字普惠金融服务涵盖金融产品和服务，具体包括支付、转账、储蓄、信贷、保险、证券、理财、对账等。这些产品和服务通过电子货币、支付卡或传统银行账户等数字技术得以实现。

数字普惠金融在概念上可以看作数字金融与普惠金融的交集，其中也包含部分互联网金融业务，如网络借贷、互联网支付、网络众筹等。

1. 数字技术提高了普惠金融服务的可获得性

数字普惠金融依托（移动）互联网、云计算等技术，突破传统金融服务的时间和地域限制，提高了金融服务的可获得性。用户可以通过数字化的交易平台进行支付、转账、投资等业务，由此产生的交易数据可以为相关的征信机构提供征信依据，以便为用户提供更好的金融服务。加大金融市场的供给，提高农户、特殊人群和中小企业融资的可获得性。

2. 数字技术提高了普惠金融服务的覆盖面

数字普惠金融通过电脑、手机及其他移动终端等设备提供金融服务，扩大金融服务覆盖范围，尤其是在农村地区。数字普惠金融改变了原有的服务提供方式，不论用户在偏远地区还是在大城市，只要有电脑或者手机就可以获得金融服务，而不再需要通过固定的营业网点。

3. 数字技术降低了普惠金融服务的成本

传统的金融机构的服务范围依赖于其分支机构的数量和分布位置，服务范围的扩大必然伴随营业网点的增多，办公场地、人工服务等都需要成本支出。如果为农村和偏远地区人口提供金融服务，则成本和难度都会增加。数字普惠金融改变了传统金融服务所依赖的基础设施，不需要物理网点，通过互联网、手机等就可以获得金融服务，成本支出明显下降。

数字普惠金融还改变了风险管理的方式，通过互联网、云计算等对数据进行挖掘分析，例如，腾讯征信数据来源主要是社交网络上的海量信息，如利用支付、社交、游戏等情况为用户建立基于互联网信息的征信报告。电子商务平台（阿里、京东、苏宁）征信数据来源主要是大量的消费者和平台商户及供应商的交易数据、退换货数据等，对这些数据进行分析，能准确衡量个人和企业的信用等级，从而降低信息收集、线下审核和风险管理的成本。

第三节　数字经济下零售业的变革

在数字经济时代，数字化转型已成为零售业高质量发展的必然趋势。近年来，我国零售企业纷纷进行数字化转型，呈现出从技术应用向数字赋能转变、从渠道线上化向线上线下一体化转变、从业务数据化向数据业务化转变、从营销数字化向全面数字化转变以及从大企业主导向大中小企业协同转变的特征，整体上处于探索阶段，存在全面数字化战略规划缺失、数字化基础和能力较弱、需求驱动型供应链支撑不足和企业组织架构改革相对滞后等问题。零售业数字化转型的内在机理是数字化技术驱动的以消费需求为核心的生产供给体系和流通供给体系的变革，即以消费者需求为出发点，通过线上线下多维立体场景打造、供应链逆向整合、数据资源积累和数据分析能力构建、业务流程再造与组织架构变革构建数字化商业生态系统，打破商品生产与消费之间的时间及空间限制，重构人、货、场的关系，提升生产与流通体系供给质量和供给效率。

一、新零售满足个人主观效用

效用（Utility）是经济学中最常用的概念之一。一般而言，效用是指对消费者通过消费或者享受闲暇等，使自己的需求、欲望等得到满足的一个度量。经济学家用它来解释理性的消费者如何把他们有限的资源分配在能给他们带来最大满足的商品上。经济活动的价值，正是帮助消费者实现效用最大化。

理解新零售，需要重新回到上述判断经济活动价值的标准。在市场经济条件下，我们用来判断经济活动价值的标准在于，最终接受某项商品或服务的用户对这些商品和服务的主观评价。这也意味着，并非投入的成本或服务决定商品的价值，只有这些商品和服务最终满足了使用者的需求，这一经济活动才实现了其价值，否则，只是在摧毁价值。从这一角度出发，年复一年不能消化掉的库存只是在摧毁价值，而不是为社会创造价值。因为这些资源本来可以投入其他的生产领域，去满足社会的其他需求。

在消费者收入低的时候，需求结构相对单一，主要是一些生活必需品，随着收入的增加，消费者的需求越来越多样化、个性化，而且随时发生着变化。如何更好地满足消费者的需求，需要利用不同技术的比较优势。通过线上线下优势互补，能更好地满足消费者的需求，实现经济活动的价值。

所谓新零售，就是以消费者体验为中心的数据驱动的泛零售形态。新零售的本质在于，无时无刻地为消费者提供超出期望的"内容"。传统零售当然也希望以消费者体验为中心，但实现这一目标的手段过于昂贵，除了少数价值极高的产品和服务，比如私人飞机、定制跑车等，生产者和销售者才会花大量的时间和精力去了解客户的需求，但对大众产品，零售商和生产者可以说是有心无力。随着数字经济时代的到来，这一目标正在成为现实。在新零售时代，了解消费者需求的成本急速下降，而随着人工智能的广泛应用，零售商能更好地了解消费者的需求，这些汇集的信息也将帮助生产者、流通行业更好地配置资源，生产出更加满足消费者需求的产品，减少不必要的物流成本。

区别于以往任何一次零售变革，新零售将通过数据与商业逻辑的深度结合，真正实现消费方式逆向牵引生产变革。它将为传统零售业态插上数据的翅膀，优化资产配置，孵化新型零售物种，重塑价值链，创造高效企业，引领消费升级，催生新型服务商并形成零售新生态，是中国零售大发展的新契机。

二、新零售诞生的原因

新零售产生的原因包括技术变革、消费者认知变化和行业变革三方面。

在技术变革层面，新商业基础设施初具规模：大数据、云计算、移动互联网端；智慧物流、互联网金融；平台化统一市场。互联网发展逐步释放经济与社会价值，推动全球化 3.0 进程。

在消费者认知变化层面：消费者数字化程度高，认知全方位，购物路径全渠道；中国消费升级引领全球消费增长，新一代价值主张从活下去到活得更好。收入水平低的时候，消费水平很单一，主要是要生存，最重要的需求是卡路里。但随着收入水平不断提升，消费需求的多样化和个性化迅速增加，如何活得更好成为最主要的关注点。

在行业变革方面：全球实体零售发展放缓，亟待寻找新的增长动力。中国实体零售发展处于初级阶段，流通效率整体偏低，缺乏顶级零售品牌。多元零售形态涌现。

三、新零售与传统零售的区别与联系

传统零售业面临着改造升级，新技术、新产业、新业态、新模式不断出现。信息化、数字化、云计算是数字化转型的核心。新零售将最大限度地提升全社会流通零售业的运转效率，新零售与传统零售的区别主要体现在以下两个方面。

（一）智慧零售系统

智慧零售系统是将全球领先的 SaaS（软件即服务）模式导入门店，利用移动互联网、云计算、大数据技术，聚焦于"智能化管理＋数字化营销"两大核心价值，专注于构建智慧零售云平台，专门为实体商家打造的门店新系统。

1. 以消费者为中心

智慧门店系统重构实体门店"人、钱、货、客、场"的传统运营方式，对珠宝 ERP（企业资源计划系统）、薪酬绩效、OA 财务收银、SCRM（链接式会员管理）、场（创造客户、保留客户、打造自媒体）等传统运营环节进行全方位改造升级。

2. 依托移动互联网智能数字云科技

致力于为传统门店打造全新的"顾客终身价值体系"。全面为零售企业品牌升级、技术创新、渠道融合、会员管理、数据分析、精准营销提供云解决方案，达成"管理减负、营销增效"两大客户核心价值。总之，智慧门店系统是一套集合各种现代"黑科技"的智能系统。通过智慧系统，商家能重塑实体店的商业价值，解决实体店经营的难题，下面我们将从人、钱、货、客、场来介绍智慧系统为商家带来的革新。

（1）零距离智慧云管人

如果把实体店铺比作一个家庭，拥有智慧门店系统，就如一个大家庭拥有了一个靠谱的管家。

传统商店销售人员属于销售行业薪酬较高的人群，但销售人员随行业周期流失大、变动大，至今都是门店人员管理上周期性的难题。

一个店长往往要管理数十个销售人员，还要不断地重复培训新的员工，管理实体店铺不仅劳累，而且效率低下，相信所有实体店铺管理人员都深有体会。

如今，一个智慧系统就能管理和服务数百名甚至上千名销售人员。智慧绩效管理系统正是针对实体店人员管理难题而开发的系统，此系统是基于多年的零售绩效管理研究实践经验转化成的互联网数字化工具。将这样一套系统植入实体店日常管理，不仅能极大地便利实体店的人员管理，还能为员工提供一套智能化、数据化、人性化的绩效服务。科学的绩效管理能最大限度地调动员工的主动性和积极性。

通过智慧绩效管理系统，商家可将自身的业绩目标逐级分解并关联到每一个员工身上，使门店目标从上到下更加有效地传导。商家可将店铺的目标计划根据实际工作分解成任务，并通过系统后台实时跟踪效益与员工销售动态。

使用智慧绩效管理系统，门店管理人员可以在后台设置奖金提成、任务激励机制，并为员工自动排班，员工打开手机就能知道自己的工作目标和绩效。

同时，云管人还专门为门店研发了线上移动商学院，现在首批上线的是智慧系统功能的教材，接下来会逐渐增加其他内容板块，如产品终端专业知识、销售技巧、会员服务等。门店可以自主上传企业的培训教材和资料。以 PPT、视频、直播教育等形式，全面解决终端门店培训成本高、培训难度大的问题。云管人系统还开发出了员工培训后的考核机制，随时随地深化知识掌握，方便门店对员工进行考核分级。

（2）零误差智慧云管钱

对商家来说，传统的财务系统主要靠专业会计的人力、脑力，不仅费时，而且人工成本高，容易出差错，建立属于实体店自己的智慧财务管理系统迫在眉睫。

对客户来说，新时代的顾客们，都逐渐适应了用移动端口支付的模式，传统的现金收银模式渐渐退出历史舞台。

智慧财务管理系统正是赋能实体店大部分财务管理工作的系统，用智慧财务管理系统取代财务管理中的事务性工作，减少财务管理中不必要的环节，能大大提高商家财务管理的效率，并对传统收银系统进行数字化的升级，不仅收银功能更强大，更集粉丝录入、会员营销、门店财报分析等功能于一身。

通过智慧收银系统，商家可以随时随地秒速开单，并支持多种支付方式。开单之后，客户可以看到实名认证的店铺信息，这为店家增添了更加可靠的信誉。同时，收银商品也可进行挂单，不耽误任何客户的买单时间，买单客户也可在挂单结束后再提取商品，更加方便安全。收银结束后，手机客户端会收到快速反应的消息提醒，第一时间了解支付成功情况。

相对传统的收银和买单，智慧系统让商家收银无烦恼，也能让买家的买单体验更加轻松愉悦。不仅如此，强大的收银系统还能绑定买家，将买单的客户变成粉丝，成为商家流量池的一部分。

在客户购物成功后，即可在手机端领取电子会员卡，免去传统会员卡需随身携带的麻烦，而商家通过收银就能将客户纳入自己的流量池，为客户提供相应的积分服务、礼品服务、现金充值服务等，既方便会员进一步了解商家信息，也方便商家对会员进行二次营销。

除了收银的便利，智慧系统还为商家提供管理和数据上的全面服务。商家可对收银进行抹分、抹角、四舍五入等设置，让数据更加清晰明了。同一个店铺，可以同时入驻多个收银员，店长可以对收银员进行统一管理，查看收银员的收银情况。针对每天收银支出情况，店长可以对收银账单进行核对，看清每天的实际消费情况，进一步方便了实体店铺的管理。

在智慧云管钱系统的协助下，商家通过手机就可以在线实时了解店铺的营业额、当日盈利，以及查询每个店铺的日、月、季度、年报表，时刻了解店铺的经营情况，这是传统财务管理系统很难做到的事情，然而智慧财务管理系统能提供最及时、最快、最精准的财务报表。

总之，拥有一套专门的智慧财务管理系统，商家能在营收数据分析、实时登记会员、一键购物结算、兼容各类系统、多元营销对接、云端操作应用上节省不少开支，并将商家的财务系统（如金蝶财务系统）与其他系统连通，实现商家全方位一体化经营的目标。

（3）零压力智慧云管货

了解智慧云管货系统，我们需要先了解 ERP 管理系统。ERP 管理系统是现代企业管理的运行模式，它是一个在全公司范围内应用的、高度集成的系统，覆盖了客户、项目、库存和采购等管理工作，通过优化企业资源实现资源效益最大化。

为什么商家也需要 ERP 系统？传统的商家拼优质货源、拼优质渠道，注重货品的量与质，但一直缺乏对货品的有效管理。

以珠宝行业为例。纵观整个珠宝行业管理历史，珠宝商家存在专卖店柜台盘点、库存管理、周转率分析、品类分析等难题。

一个普通商店的产品盘点工作，繁杂且低效，相信开过珠宝店的人都有这样的痛苦经历。低效率的盘点工作不仅增加了员工的负担，还会影响商家进出货的货品统计和销售计划。

在这种情况下，对产品的高效管理显得尤为关键。商店迫切需要一种有效的技术手段，能快速、准确、简便可行地完成对货品的盘点工作，帮助企业及时了解各种品类产品的销售情况，完成公司管理层对各类产品市场接受的数据分析，并能对货品的状态进行实时监控，最大限度地降低货品丢失的可能，并提高产品的销量。

传统 ERP 其实是在做记录和流程，它是把所有的货品进、销、存记录下来，然后按一个流程去做事。而今天零成本科技的智慧 ERP 系统是在做创新和升级，是在做消费者的增长、数字的增长的统计，一方面是帮助实体店提升获取潜在客户的能力，另一方面提升转化的运营能力。

智慧 ERP 系统可以完全解决管理难题，帮助商家没有误差地管理货品。智慧系统可以创新打通、全面链接门店所有的运营系统，构建店铺智能大数据云平台，对每件货品的销售做到精准监控与优化设置，从而实现对所有商品进行有效把控，并方便各分店之间货品调换，提高周转率，降低无效库存成本。

运用智慧 ERP 系统，支持集团、总部、门店等多层级将每件珠宝数据化、电子标签化，商家随时随地可通过系统后台了解每件珠宝的销售情况和产品信息，更加方便安全。销售人员再也不用担心不熟悉产品。智能化的电子货柜可对门店货品进行实时管理和自动盘点，成为店铺老板和员工最得意的管理助手。

不仅如此，智慧 ERP 系统还可以方便商家实时查询热卖爆款，有效分析库存结构，智能计算货品周转率、补货周期、资金占用等，达到真正的智能配货。门店库存还能智能预警，自动生成补货计划，优化库存，减少无效库存成本，完全解放了商家和销售人员的双手和大脑。

可见，智慧 ERP 系统的运作流程是硬件设备融合所有业务并采集精准数据，线上后台对该类数据进行挖掘与智能分析，最后商家通过大数据分析结果进行有效的智能管理运用。

总之，智慧 ERP 系统覆盖了客户、项目、库存和采购供应等管理工作，通过优化公司资源达到资源效益最大化，并为商家进行多店连锁管理提供了最大的便利，实现商家零误差智慧云管货的目标。

（4）个性化智慧云管客

客人关乎着实体店铺的盈利，管客就显得尤为重要了。过去，实体店传统管客的手段非常低效，店家很少有效保存客户的个人信息，大多依靠销售人员个人的关系维持。这种管客手段依托销售人员的个人营销能力与交流能力，多用人情会客、管客，不仅无法有效地利用客户资源，而且如果销售人员离职，就会带走个人客户，造成客户资源的流失。

当今的消费者，更注重隐私，很少会主动留下个人信息，并且注重个性化服务，尤其是年轻客户，我们用传统的人情方式很难维系住。同时，当下的流行风潮变化快，客户的喜好让商家难以捉摸，商家难以将客户资源有效转化，智慧 SCRM 系统可以完美地解决这些问题。

SCRM 是管理学术语，意思就是链接式客户关系管理。企业为提高核心竞争力，利用相应的信息和互联网技术手段协调企业与顾客之间在销售、营销和服务上的关系，通过一种更加稳定可靠的管理方式，为客户提供创新式的个性化的服务。管理的最终目的是为商家保存更多老客户，吸引更多新客户，同时，不断地将保留下来的老客户转变为忠实客户，增加可持续性的销售。

智慧门店 SCRM 系统涵盖了客户管理、销售管理、客户服务、商业智能等各项功能板块，可为商家提供移动超级会员、用户数据画像、智能消费表单、关联引流工具、销售漏斗部署、营销数据反馈、多元服务支持、会员自动营销、情感维系等技术服务，帮助商家更好地管理店铺，并提升客户的满意度。

过去，实体店管理客户就是保留一个电话或者地址，不仅不利于保存，而且除非客户主动上门，否则很难对客户进行二次服务。智慧 SCRM 系统能将顾客的消费路径、消费行为、会员信息、消费足迹等数据收集在系统后台，将客户信息进行数据化管理，并利用大数据整合能力，将数据进一步分析整理，标签式精准管理顾客，这些信息不仅方便商家对客户进行管理服务和二次营销，通过生成客户数据和市场数据，还能为商家的营销活动加以计划、执行、监视、分析，为商家创造更合理的营销手段，为客户带来更多个性化的服务，实现智能运营、营销、服务体验等方面的优化升级。

过去，实体店用人管客，现在在智慧 SCRM 系统的技术手段支持下，可以说是用客人管理自己。我们用"今日头条"的例子来分析，现在的人们都爱使用"今日头条"，因为用户越使用它，它就越能为用户推荐有价值的、个性化的信息，这就是数据化下的完美客商关系，了解客户的喜好，精准营销。

未来，智慧 SCRM 系统将关乎每一个店铺的命脉，因为它直接影响实体店铺的销售业绩，它能为店铺的销售额、用户满意度、用户忠诚度、市场份额等硬核的提升创造更多的成绩。

（5）互动化智慧云造场

造场造势是打通实体店营销的金钥匙。每到周末和节假日，所有的实体店都用尽办法为实体店造场造势，希望在一些固定的时间节点、客流高峰期打开销售的大门，为门店带来更多的人流量。

实体店传统的造场方式主要依托在实体店铺内和商场内，依靠店铺和商场的客流量，很难让造场营销真正地传播出去，以吸引更多潜在的客户。而且造场模式太过单一，主要依靠变着花样地搞优惠活动。这种方式也许可以吸引部分对有需求的中老年消费者，却很难吸引年轻人。同时，如今消费者的消费观念与过去不同，更注重体验和个性化服务，优惠活动不一定能满足消费者的需求。

总而言之，依靠传统的造场模式，实体店铺无法真正有效地触达消费者。

智慧云场景营销系统致力于为商家打造一套线上线下结合紧密、功能强大、划分精细的营销服务体系，为实体店的营销紧密布局，打破场景限制，打破时间、空间的间隔，为实体店铺实现"人与人、人与货、人与场、货与货、货与场、场与场"之间的无缝连接和精准匹配，为实体店营销提供全面赋能的服务和方案。

智慧云场景营销系统为商家提供超级引流解决方案、顾客召回解决方案、成交变现解决方案、销售倍增解决方案、会员唤醒解决方案、裂变拓客解决方案，是商家进行营销的得力助手。

智慧系统能为实体店搭建专属的智慧云场景营销体系，并将订制的互动营销产品工具植入实体店自有微信服务号，让顾客一秒变粉丝，形成黏性互动关系，提升进店率、成交率、连带率和复购率，解决全店引流、老顾客会员激活等终端运营问题，全方位实现智能数字化运营。过去的实体店铺就是一个固定的店铺，很难将营销辐射出去，有了智慧云场景营销系统，微信将成为商家另一个购物入口和引流工具。

依托于微信这个社交平台，定位买家用户人群，将所有的店铺粉丝进行数据化管理和分析，打造线上流量库和数据库。全方位地布局挖掘社交渠道的价值，为商家提供全面的营销服务，最终通过个性化的精准营销手段直击买家的内心，真正实现分层营销。

（二）有科技感的线下实体门店

拥有了智慧门店系统，实体门店也需要进行一番"装修"，打造出符合现代消费者时尚观念和消费习惯的科技感实体门店，打通实体店铺的线上服务和线下服务，为商家和消费者破冰，让营销最终变为消费者买单。

近些年来，各行各业的零售门店都开始了智能化改造的进程，就连实力型网店也开始构建智能化的实体店铺，天猫小店、无人超市、智能家居集合店等，都从线上转到线下。

智慧营销系统不再仅仅是一个软件，它已经成为新时代下零售的刚需，甚至可以说，现在已经是经营应用的"基础设施"。

特别要提出的是，智慧门店的落地解决方案不是一成不变的，而是根据每个门店的经营特点、品牌定位、客户层次、团队执行等来不断进化和改变的。功能、时机、环境、竞争对手等外部因素的变化都会导致落地解决方案发生改变。随着更多功能的开发上线、更丰富的实践总结，落地解决方案是要永远与时俱进的。门店是落地的主体，要从组织、职能、执行、监督各个管理环节进行设置，落地解决方案要从系统功能、活动规则、落地场景、员工激励等各个环节进行思考。只有每个细节、每个步骤都精益求精，才能确保每个落地方案都能成功。

四、新零售发展展望

不同的商业时代，有不同的商业形态。以超市、百货为代表的超级卖场集合了多种品类；以电商、团购为代表的超级平台聚集众多流量；以社交、资讯平台为代表的超级生态多维度地赋能商业；而在新的商业时代，零售商需要深挖超级用户，建立自有流量池。

实体店经历了从传统的物物交换到现在的移动互联网化，而在互联网时代，实体门店又经历了从门户网站到电商到微商，再到自媒体的时代。回顾实体店的商业发展历史，智慧零售就是时代发展的必然产物。

智慧零售的发展，使整个零售行业的效率更高，这是智慧零售的特点。而在这个商业模式不断进步和完善的过程中，我们的零售业态也逐渐发生了改变。在未来，商业的竞争已经不是线上线下的竞争，而是全网营销的竞争，拥有智慧零售系统落地的能力最重要。

对此，在这里我们探讨一些未来转型新零售的思路。

（一）流量是零售的本质

流量是一个互联网时代的网络用语，而它的本质所对应的是每一个消费者。生意难做，关键在于客户流量，客户流量分为自然流量和经营流量。大部分靠自然流量的生意都比较难做，因为一旦有竞争生意就下滑。

流量是实体店的血液，没有流量就没有生意。建立可掌控的私域流量池，是实体商店在新的商业模式下掌握话语权的第一步。而建立流量池最好的互联网工具就是智慧门店系统，这是新营销最重要的"核武器"。

（二）用户至上的理念将更加突出

未来智慧零售，核心是互联网思维，而互联网思维，又以用户为中心。与传统的产品思维不同，转型智慧零售最为重要的一点就是掌握用户思维，学会经营流量池里的"留量"。

经营"留量"的关键在于锁客，一个是利益锁客，一个是情感锁客。设计工具产品进行利益锁客，设计一个人一生每个不同年龄段的情感需求点进行情感锁客，让"留量"成为"留财"，需要拉长时间周期来看整个战略的价值。

真正属于未来珠宝终端零售的盈利模式是什么？种种迹象表明，"用户思维"在今天是不可忽视的盈利之源。这要求商家从"商品效应"跳转到"群客效应"。在传统零售时代，商家需要大量的顾客来维持生意，通过广开门店、增产商品来实现利润最大化；而在新零售时代的背景下，商家要提升群客的价值，让20%的顾客贡献80%的业绩，这就是用户思维，经营"留量"。

在传统零售时代，由于物资匮乏、技术手段落后等原因，零售市场是围绕"货—场—人"的次序展开的。在这种经营理念和市场模式下，消费者没有太多选择的余地和权利，而且由于货品短缺，即商品供不应求的状态，决定了商家缺少提升商品品质的原动力。

后来随着新技术、新模式的发展，商品的供给不断加大，商品的品类、数量大幅提高，于是"货、场、人"的布局就开始向"场、货、人"反向演变，销售的渠道成为零售的核心要素，变成"渠道为王"的年代。而到了现在，商品、渠道的数量已经不是核心竞争力，而消费者将作为整个零售的中心，引领零售的方向，也就是"人、货、场"的时代。

这是零售市场竞争更加激烈的必然结果。在商品极大丰富的大背景下，零售的发展，已逐步走出以商品为中心的模式，转向以消费者为中心。商业零售将围绕用户生活需求来进行布局，即如何从内容、形式和体验上更好地满足消费者的需求，将成为未来零售经营的核心。

（三）无人零售将迎来新一轮发展

不过从行业趋势来看，无人零售、自助零售在成本、效率、体验等方面都具有得天独厚的优势，无人零售行业的爆发性发展指日可待。首先，无人零售将打破零售在时间上的限制，将零售轻松延长至 24 小时，使消费者可以全时段购物；其次，无人零售将打破零售在空间上的限制，通过智能化的设备，购物数据的采集、分析，开店将变得非常容易，未来消费者可以随处购物，而且，门店会根据消费者购物行为和购物喜好，不断迭代店内产品，为消费者提供更好的服务；最后，无人零售将极大地提升用户体验，通过数据处理与智能化应用，使消费者可以获得最精准的营销与最贴心的服务，同时，无人零售将去除购物过程中的人为不利因素，比如情绪因素、疲劳因素、出错因素等，使服务更为标准化。消费升级是一个不可逆转的过程，消费者永远都会选择更优质的服务，不可后退。所以在未来，更加智能化、无人化的零售形式必定会成为主流。智能技术将融入购物的各个环节优化购物体验，革新购物模式。

目前随着人工成本和门店租金的大幅上涨，网络基础设施的规模化效应和移动支付的普及，尤其是物联网技术和各种识别技术的快速成熟应用发展，无人零售已经具备加速发展的客观条件，加之资本入局，无人零售将进入快速扩张阶段。自动售货机作为其中重要业态之一，有望迎来新一轮爆发。

（四）数字化与数据分析应用

零售是世界上就业人口最多、环节最复杂的行业之一，也是最能体现供应链效率的行业之一。从商品下单采购、仓储物流、销售到售后，需要很多支团队的协同作战，数字化则是极具效率的指挥棒。

在互联网和数据时代，对每一位顾客进行精准分析和对企业本身的管理都需要数据支持。企业决策正由"经验决策"不断向"数据决策"的规范转变。

数据本身已经成为企业新的资产，并将大大促进劳动生产率的提高和资产收益率的增加。

（五）全渠道营销将成为零售新常态

智慧零售是打通线上线下的全渠道建设。首先要实现的是建立"实体渠道"与"电子渠道"之间的连接，打通内部渠道，实现企业内部资源整合，内部全渠道对客户的服务一致。其次是打通内部渠道与外部渠道，实现内外渠道对客户的衔接，放大全渠道客户人口价值。可以让客户在不同类型渠道之间无缝切换的全渠道，已经成为当前传统企业渠道转型的共同选择。与此同时，企业要加强内在价值的建设。建设自身的文化价值，优化调整内部组织架构，以集中、统一运营管理为方向，最终，从业务流程、系统支撑、考核激励三个方面，打破各渠道线上线下的资源壁垒，促进营销闭环形成和完善，实现渠道联动。

零售行业的发展历史，可以总结为三个阶段。①产品时代。这个阶段，卖货思维导致产品越来越同质化，获取客户的成本越来越高。②渠道时代。以广告拉动消费人群，抢占货架、卖场的模式，导致转换率越来越低，流量始终走不出渠道。③消费者时代。现在已经进入去中心化的碎片时代，以消费者为核心，以数据驱动运营，实现线上—物流—线下的消费闭环。

"零售终将回归本质。"未来，主动连接消费者且比竞争对手更快一步的门店能活得更精彩。谁能更早让消费者认知、链接、产生互动，谁能为顾客提供更高效的服务和更优质的体验，谁就能掌握 C 端（客户）。而掌握 C 端的商家，就能更早地从地面营销走向空中营销，就能在市场竞争中胜出。

创新是否成功不在于是否新颖、巧妙或具有科学内涵，而在于是否能赢得市场。

1. 线上线下相互引流将成为常态

未来的零售模式没有线上线下之分。因为技术的进步、移动互联网的普及，以及互联网下成长的年轻一代成为消费主力后，线上线下的界限越来越模糊了。同一群消费者既会是线下顾客，也会是线上顾客。他们在线上线下是来回穿越的，所以，未来的零售商需要同时具备线上、线下两种能力，并且拥有足够的技术能力来打通线上线下。

从库存、会员到服务、营销，都将是线上线下高度融合的，零售商必须提供体验更好的商品与服务。未来的零售市场必将是更加充分的二维市场结构空间。市场不会再回到单一的线下市场结构，只有实现二维市场融合规划，协同发展，才能把握市场的全部。

2. 电商平台将呈现"去中心化"流量趋势

流量已经成为零售业中最核心的竞争领域。在流量零售的模式下，所有的顾客一定是注册的、可链接的、可统计的、可管理的、可互动的。零售的经营将用一切有效的方式影响消费群体，逐步将其打造成终身价值消费者。电商巨头将继续高举高打，不仅将"全渠道"落实到更多零售实体业态，还会把电商平台的流量中心化逐渐向去中心化演变。

网络社群流量将成为新零售发展的重要方向之一。社交力、社群力正成为新的零售营销影响力。在网络社群平台，消费者不仅可以获得一个品类丰富、汇聚海量商品的购物平台，而且还可以获得一个生活消费分享平台，在开展网络购物的同时，还能享受到网络社群交往的快乐。

3.社区零售将成为一种新的零售业态

社区作为线下主要流量入口的作用将越发重要。通过为消费者带来便利的购物体验，帮助消费者省时省事来吸引消费者，增加用户黏性。

社区消费不仅可以培养线下用户社群，还可以增加销售收入。一般来说，开在社区的超市，售卖的生鲜价格可以做到比大卖场贵10%~15%，因为社区超市为消费者提供了购物便利性价值。消费者愿意为便利和省时来支付更多费用，年轻一代的消费者更是如此。所以，社区消费可以提供更多新的商品形式以满足消费者更多的需求，比如提供易于烹饪的半成品、无须存储更省事的商品包装、餐饮化的体验，以及提供更快速的配送到家服务等。

4.新零售将重构供应链

新零售中的供应链，有别于传统供应链和点对点供应链，它更多的是基于互联网大数据技术和信息系统，智慧化、数据化、可视化的变革是供应链服务提升的基础，在此之上才可能衍生出更多的增值服务，零售供应链将变得更加透明和高效。

融合商品、供应链、大数据三个重要因素的新零售供应链将得到重构，不仅将这三者之间的距离拉得越来越近，而且让"大数据"在"供应链"及"营销"的多种场景下得以应用。

①智能分仓：借助大数据分析预测，针对不同区域提前安排商品的种类和数量。②仓储便利：将门店作为仓库的载体，实现店仓结合。③配送快捷：新零售供应链中，最重要的就是快速响应的能力，例如，目前现有的生鲜类供应链可以实现生鲜最快30分钟送货到家，这有时比消费者下楼买菜更方便。

第四节　数字经济下物流的变革

物流业是支撑国民经济发展的基础性、战略性、先导性产业，服务体验升级、供应链协同管理、建设物流强国的内在需求等诸多因素，对物流业发展提出了更高的要求。随着传统物流行业与新兴电子信息的深入融合，数字经济正式到来，当前我国物流业正处于加速转型发展的进程中。如何发展新物流，从传统单一、条块分割的物流业态向联结、联合、联动、共利、共赢、共享的综合物流与一体化物流转变，扶持引导数字物流、智慧物流、共享物流、协同物流、平台物流、末端物流等物流新物种，成为我国物流业面临的一项时代课题。

一、数字经济时代新物流的智能化变革

（一）新零售驱动的物流模式升级

随着商业领域的发展，实体商业与虚拟商业之间的界限逐渐模糊，在商业生态方面，也实现了供应链、物流、大数据、金融、场景体验等的结合发展。新零售将取代电商，在用户与产品研发之间搭建桥梁，改革原有的供应链体系，并提出全新的物流服务需求。

1. 品牌企业需求升级

进入新零售时代后，品牌方实现了线上渠道与线下渠道的一体化运营，并据此提出了新的物流需求。一方面，在实施全渠道数字化运营的过程中，须提高物流体系的快速响应能力；另一方面，物流干线与门店融为一体的配送方式，促使品牌方更加注重对整个物流过程的管控。在物流配送的末端环节，品牌方越来越重视货物追踪，并致力于提高企业的信誉度，建立良好的品牌形象。

在新零售时代，很多企业实现了线上、线下一体化运营，品牌方对物流的反应速度及其运行的灵活性提出了更高要求，物流要完成多批次、少批量的配送任务。在市场需求的驱动作用下，不少物流企业采用O2O众包模式，实现了干线物流、门店集散配送与终端配送的结合发展。

2. 干线物流模式升级

以往，渠道压货模式占据干线物流的主体，主要采用直发模式满足用户需求，有些快消品则通过末端库存补货来保证其正常供应。在数字经济时代，干线物流能将产品从工厂直接送往消费者所在地，给快速专线物流提供了良好的发展机遇。届时，零担运输将代替整车模式，大包裹将代替集约化的小包裹模式。

在生产环节，部分厂家实践了顾客对工厂（C2M）模式，通过主流干线将商品从厂家直接提供给终端消费者。在面向终端物流需求时，企业更多地采用大包裹、零担干线物流方式，满足消费者的商品需求。

在新零售时代，公路港能发挥枢纽的作用，其功能集中体现为越库及物流整合。在后续发展过程中，公路港、空港都应该锁定消费者集散地，并将开发重点从一线城市转移到二、三线城市。随着商业领域的发展，大部分产业链都不会选择在中转园区进行货品存储，

因此存货型园区公路港的作用将十分有限。相较之下，一线城市的市场也很小。

3. 同城配送服务升级

在新零售时代，物流配送的末端环节打通了物流和社区商业，这个环节的物流运作将产生以下变革：整合发展与升级转型。前者体现为"最后一公里"物流配送的整合；后者体现为由物流服务延伸出社区商业服务。

城市配送市场是快递企业应该重点开发的领域，如若不然，城市配送企业除了与干线物流结合发展，很难拓展其快递业务。城市配送企业的业务主要由两大部分构成。

（1）物流集散中心面向企业客户，具体如商圈门店、社区店、专业店等。

（2）集散中心面向消费者个人，这类业务与宅配、传统快递存在共性。

在快递和城市物流方面，新零售驱动的物流变革具有多样化特征。以往，城市物流快递主要通过快递员进行推广，采用人工分拣方式。数字经济时代，城市物流通过获取海量的数据资源，能实施精细化的用户管理，精确掌握用户的地理位置信息，节省分拣环节的时间成本，加快整体运转。对城市物流，物流企业主要采用 2B 和 2C 两种模式：第一种模式是通过将干线物流与终端门店结合，配合 O2O 众包、快递柜，降低末端配送的成本；第二种模式会强化仓储管理、物流配送的自动化建设，充分发挥网络系统的作用，提高线下推广效果。

金融与数据是相伴相生的，要通过数据分析了解金融的价值，而数据资源就是为金融与商业的发展提供服务的。在新零售时代，物流行业发展的智能化水平不断提高，企业开始用云技术存储数据信息，数据资产成为物流企业竞争的焦点。传统模式下，企业的竞争力集中体现在物流资产上；如今，企业可通过融资租赁、众包方式获得物流资产。相较之下，数据资产更能体现其竞争实力。大数据将成为企业发展的主要驱动力，并促使物流企业的运营过程在各个方面产生变革。

（二）借助技术实现智慧物流转型

新物流引进并应用了大数据、人工智能、云计算等先进技术手段，这些技术在该领域的深度应用，将促使物流行业向智能化方向转型升级，通过在各个环节进行数字化、智能化建设，提高整体运营的智能化水平。

物流包含的五大物理要素包括人、货、车、线路、节点。实体经济与虚拟经济要通过这五大要素走向融合，为此要发挥物流在两者之间的连接作用。除了这五大要素本身的价值，其背后潜藏的信息流、资金流、经济关系等，以相互关联的网络化形式表现出来。在进行智慧化改造的过程中，物流本身与潜藏的数据网络都能发挥不可替代的作用。

1. 在"人"方面

在对物流进行智慧化改造时，货运司机、分拣人员、园区运营者等，在传统模式下只能通过全球定位系统获取相关数据，如今则可通过智能移动终端收集多方面的用户信息。

2. 在"货"方面

以往多使用条码技术，如今则可通过射频识别技术进行货物追踪，并进行高效的信息管理。举例来说，PRADA 在传统模式下主要依据服装销量判断其市场热度，将销量差的服装款式下架；如今，利用试品上装置的 RFID，品牌能对该试品试穿次数与销量进行综合分析，调整那些试穿次数多、销量却不高的服装有效促进其后期的销售。

3. 在"车"方面

以往主要通过全球定位系统获取相关数据，如今则在运载货车上安装了传感器。部分物流企业构建了相应的数据服务平台，能从传感器硬件设备和远程信息设备中收集相关数据，进而实现数据资源的整合利用，为物流供应商和客户随时查询货车的运输状态提供便利。

4. 在"线路"方面

以往主要通过摄像头获取数据，如今则可利用传感器捕获集装箱、卡车、航空载具（ULD）的实时利用状态，据此分析这些交通工具的运力应用情况，从而制定最佳的运输线路。

5. 在"节点"方面

现阶段的大型物流中心、物流园区主要在内部管理系统进行信息化建设；而不少小规模企业则另辟蹊径，采用软件即服务（SaaS）模式，通过使用网络软件，提高对自身经营活动的线上管理能力，并促进了系统内部的信息共享。

随着网络化、信息化的建设与发展，新物流也能跟上数字化时代的步伐，促进企业当下的业务发展，实现资源的优化配置及整合利用，提高企业运行的规范化程度。

（三）新物流时代的企业运营路径

传统模式下，实体商业与虚拟商业之间相互独立；未来，两者将实现结合发展，商业生态体系也将发生颠覆性的变化，促使物流行业改革传统思维，实现创新式发展。

与此同时，线下渠道的运营将趋向于数字化发展方向，从而优化实体店的管理，有效提升用户体验，实现商品的优化配置。不仅如此，实体店的商品将与线上渠道进行互动，推动电商网店向线下渠道拓展，传统零售业开通线上渠道，并将这两种发展方式融为一体。在新零售时代，线下数字化将占据更加重要的市场地位，成为货物流通的核心。

在数字经济时代，客户对物流服务即时性的要求明显提高，为了满足消费者的需求，实体店会着重发展即时性供求体系，争取在半小时之内将商品送到消费者手中。传统模式下，网店的商品主要从仓库里发货；在新零售时代，则能从距离消费者较近的实体店发货，让实体店在物流配送过程中发挥更重要的作用。末端物流体系将呈现出新的特点，物流数据化平台的发展将趋于完善，大数据会被广泛引进社会化仓储系统中，提高企业物流资源的利用率，扩大企业资源的社会化开放程度。近年来，以阿里、京东为代表的实力型企业，都积极融入社会化物流体系中，不断提高自身物流系统的包容度。

在数字经济时代，企业要想获得更加长远的发展，就要掌握评估企业价值的方法，那么，物流企业的价值体现在哪些方面呢？

（1）距离用户近的物流企业，商业价值更高。末端物流是企业价值的重要体现，这个环节汇集了用户的相关信息，便于企业挖掘其商业价值。

（2）积累物流运营数据多的物流企业，商业价值更高。同样是运输人员，能获取丰富运营数据的人，才能获得更好的后续发展。

（3）推出供应链运营所需的各类增值服务，在整个运营过程中占据更加重要的地位的物流企业，就能强化自身对产业链的控制作用。

在数字经济时代，资产对物流企业的价值逐渐降低，相比之下，运营能力才是企业应该关注的重点。通过提高运营能力，企业能充分利用现有资产推动自身发展。国内物流企业应该抓住机遇进行转型升级，如果仍然固守传统思维，就会在激烈的市场竞争中处于不利地位，最终被淘汰出局。

二、构建全新的智能物流网络

（一）构建新物流体系

在数字经济环境下，交易互联网将超越传统的线下零售与分销网络，跳出传统的电商交易体系，比如 B2C 平台、B2B 平台、微商、社交电商等。新物流通过模式、渠道、利益机制的重构，借助互联网、移动互联网等技术，与大数据、云计算、分布式终端实现融合，将各个交易环节连接在一起，构建一个一体化的交易网络。在这个网络中，商品、组织、企业、零售、服务网络将实现无缝衔接、紧密融合，以用户需求与期望为中心对运营方法进行创新，重构零售供应链，降低交易成本，提升响应速度。

近年来，在各大电商巨头的努力下，比如，阿里巴巴在线下渠道的布局，京东在农村电商、金融等领域的探索等，交易互联网逐渐成形，为传统产业与互联网、移动互联网的结合提供了有效路径。

进入数字经济时代，万物开始互联。随着各种新技术（AR、VR、人工智能、深度学习、NFC、RFID、LBS、4G、5G、智能仓储等）进入新零售市场，物联网逐渐实现了深度应用。将来，零售产业链将实现深度重构，在物联网的作用下，产品生产制造、数据挖掘、在线交易、仓储运输、零售终端等环节将实现相互连接，进而催生下一波商业机会。

随着新零售全面推进、不断深化，智能物联网吸引了各大商业巨头的关注，这些巨头遍布美国硅谷、中国的中关村、以色列、东南亚等地。从这方面来看，未来，零售不再是单纯的零售，物流也不再是单纯的物流，可以实现自动连接、自我管理、智能互动的人机智慧连接器将应运而生，现有的商业模式将被彻底颠覆。

商业领域的竞争非常复杂，既有供应链的竞争，也有生态系统的竞争，但最主要的还是人才的竞争。在新零售环境下，复合型人才或高级专业技术人才将备受企业关注，成为企业争夺的对象。在新物流体系中，物流企业需要既知晓传统物流规律，又拥有互联网思维、新兴技能、商业变革领导力的人才。在这场产业变革中，关系不是竞争的焦点，资源整合、领导执行、创新管理等综合能力才是。

物流企业要想在新零售环境下实现更好的发展，必须创建一支能满足企业变革、升级需求的人才队伍。现如今，阿里巴巴、百度、腾讯等商业巨头正在利用各种方式布局自己的人才网络，如寻找合伙人、战略结盟、招聘、投资并购等。将来，这个人才网络将成为企业核心竞争力的体现。

普通的物流行业从业者与创业者无须与 BAT 等商业巨头较量，只需因地制宜、积极布局，创建自己的人才队伍、打造自己的人才体系。

（二）提升仓储响应的速度

1. 全网入仓

进入数字经济时代，品牌塑造模式不断升级、变革，在品牌塑造方面，消费者产生了极大的影响。同时，在线上渠道、线下渠道同时加速前进的过程中，全渠道、碎片化、分布式、拉动式需求模式对品牌传统的分销渠道、供应链管理产生了极大的影响。

在这种情况下，货物调拨与管控都将面临极大的挑战。近年来，线上零售商也好，线下电商也罢，都开始进行仓储布局，既给品牌商带来了好处，也给品牌商带来了诸多问题。比如，通过仓储布局，品牌商可减少仓储投资，缩短货运距离，加快响应速度，但品牌商必须重新构建自己的物流分销体系。在新零售环境下，电商仓储、线下零售仓储是两种截然不同的运营方法，在采购、下单、交仓、逆向物流等环节，零售商有不同的表现。在这种情况下，品牌商必须全面提升自己的全网入仓能力。

2. 分布式仓储

近年来，随着电商不断发展，物流地产，尤其是物流仓储获得了飞速发展。在一、二线城市，城市标准仓一度遭到哄抢，在某些一线城市，普通仓储甚至出现了一仓难求的状况。

在新零售环境下，受需求模式的影响，仓储将成为零售产业链核心资源。受新物流社会化模式的影响，物流企业不能利用传统的租用或自建自用的方式构建物流体系，需要变传统模式为综合管控模式。所以，零售产业链的仓储形式发生了极大的改变，逐渐从原来的核心仓、零售仓转变为微仓、社区仓、店仓等多种形式，以零售产业链为核心的多级分仓体系逐渐形成。

在这种情况下，将有更多零售平台、品牌商借合作、外包、联营、加盟等方式构建自己的核心竞争力，发展分布式仓储体系，为新零售环境下的供应链提供有效支持。从这方面来看，因为仓储资源本身就是一种公共资源，自建仓的数量将越来越少，众包共享共建仓将成为一种全新的发展趋势。

3. 仓到仓运输

在电商驱动下，物流网络实现了转型升级。随着快递、快运迅猛发展，物流市场的转型升级速度越来越快。近年来，专线物流市场备受关注。在中国公路物流市场中，专线物流市场的占比达到了70%，专业、高效、单线集约化是其主要优势。现如今，专线物流市场已成为连接仓与仓的主要线路。

除此之外，随着农村电商不断发展，支线物流业受到了极大的关注。所以，在新零售环境下，不仅分布式仓储呈现出快速发展之势，仓与仓之间的干支线网络也将全面升级。未来，干支线物流调拨网络将实现深度整合。近年来，借助自建、战略投资、外包整合等方式，阿里巴巴、京东、苏宁等企业加快了在该领域的布局。同样，物流探索者也通过设备、管理模式、技术体系的升级对仓与仓之间的运输网络进行了有效拓展。未来，运输网络有可能成为加快物流体系响应速度的一大关键要素。

（三）打通"最后一公里"物流配送

近年来，在国内物流市场上，同城物流备受关注，成为物流领域创业者、资本争相追逐的对象，其原因有以下两点：第一，同城物流与消费者的距离最近，覆盖了多种类型的需求，包括即时需求、计划需求等；第二，同城物流为首尾"最后一公里"配送难题提供了解决方案，覆盖了区域短板、区域配送等多种业务场景。

现阶段，我国同城物流配送的市场格局还未确定。据观察，国内的同城物流市场还存在很多可能性，尤其是线上线下协同。随着客户体验、消费场景、管理模式持续升级，同城物流体系很有可能再次迭代升级。

在新零售环境下，传统的只专注于某个环节或某个细分市场的同城物流体系将面临极大的挑战。未来，面对大零售、泛零售、居民生活领域层出不穷的需求，同城物流需要全新的同城整合服务模式，这种同城网络体系不仅具有传统的仓到店、店到家、店到点的运输功能，还具有跨区域、跨品类、跨城市、跨场景的综合服务能力。

从阿里巴巴、腾讯、百度等行业巨头的布局来看，物流最后一公里、三公里领域的布局已经完成，30公里、100公里还没有迎来成熟的发展时机，存在很多竞争者。所以，该领域的网络建设将聚焦物流场景、零售场景的管理与整合，全渠道、全范围的物流服务网络与个性化响应网络体系的构建。

进入数字经济时代，商品监督权、使用权、所有权、决定权不断在零售产业链上移动，变化速度极快。在万物互联、交易互联的环境下，因货物缺损、换货、客户拒收等原因导致的物流效率低、成本高、响应速度慢等问题都尚未得到有效解决。

虽然菜鸟、京东自建物流在逆向物流体系建设方面取得了一定的成就，并在大力推进逆向物流体系建设，但逆向物流服务的场景要求越来越多，现有的逆向物流体系根本无法满足这些要求。究其原因，除了逆向物流需求具有复杂性、不确定性，还因为逆向物流需要在数据管控、线路优化、包装设计等方面开展一体化管理，不断转型升级。

在这种情况下，专业的物流企业迎来了一个很好的发展机会，其主要工作就是在阿里巴巴、京东这些行业巨头完成布局之前，找到逆向物流潜在的规模化价值，将其延伸服务纳入自己的产品服务体系，打造一个"人无我有，人有我优"的产品组合，以成功完成布局。

（四）品牌孵化与升级

现如今，品牌打造讲究"互联网＋线下网络协同推进"的方式，于是，品牌打造成本也就随互联网流量成本的增加而增加。在品牌打造方面，随着社会营销门槛不断提升，线下品牌营销模式就成了一种最好的补充模式。

品牌塑造不是一蹴而就的，其需要企业与专业人才投入大量时间与精力。在这种情况下，各大企业纷纷在品牌塑造领域布局，凭借自己了解消费者，掌握销售渠道、流量、场景、用户、数据等方面的优势，创建一个全链条品牌管理服务体系，为品牌商打造品牌提供了助益。

无论是天猫、淘宝平台上的淘品牌，还是京东的自营模式，抑或是内容电商、社交电商，这些商业模式的探索都以品牌管理与服务为切入点，最终通过与品牌商、生产商供应链体系的融合完成品牌孵化与升级，这是未来商业发展的主要趋势。

在物流方面，物流行业的从业者亟须解决以下问题：在新品牌网络体系中，物流企业如何借运输、物流、仓储等方式让品牌商更好地布局供应链管理及销售分销网络，从中获取更多价值？对物流企业来说，这是其深入品牌服务体系最需要考虑的因素。

在数字经济时代，协同是一大典型特征，这里的协同不只是数据协同，还包括操作协同、管理协同。它要求以用户需求为核心，聚焦用户体验升级，通过平台开放、人工智能、支付体系、大数据挖掘等技术构建系统化、标准化、碎片化、U盘化的新零售产业生态体系，让线上线下、企业内外、平台与用户共享物流、数据、规则、管理、流程、利益等内容，实现无缝运转、迭代升级，最终面向用户构建一个网络协同的分工服务体系。

在数字经济时代，公开透明、经济安全的服务协同网络是一切互联网、交易网、智能物联网及其他网络体系的落脚点，它们以实现多方共赢为目标，共享产业链创造出来的价值，共担产业链风险。现阶段，新零售正在从电商领域向传统零售领域蔓延，原有的服务协同体系亟须打破重组。

在新零售环境下，无论是以阿里巴巴、京东为代表的服务商市场，还是以沃尔玛为代表的配套零售产业服务体系，抑或是其他细分服务商都需要调整、重组，其未来的发展趋势需要深入挖掘。站在新零售变革的风口上，物流企业能否成功转型升级，关键在于物流企业如何看待这场变革，如何采取行动。

第五节　数字经济下医疗行业的变革

如果说，离数字经济越远的产业有着越大的势能，那么，医疗行业正是这一有着巨大势能的行业。数字经济的发展给医疗与健康行业带来的影响，在短期，是将医疗资源的需求和供给更好地进行匹配，而在长期，则是动员更多的资源进入医疗和健康行业。

一、数字医疗的内涵

医疗卫生是一个很大的行业，而且是一项精巧的人类活动。它需要现代化生产的高效和规范化，也需要像春风拂面一样的温柔及与人为本。它是一门科学，也是一门艺术。而科技将改变这一行业，改变医生的工作形式，也将改变医生之间以及医生和患者之间的关系。

医疗水平直接关系到广大人民群众的健康安危，作为最基本的民生需求，医疗在民生领域占据非常重要的位置。人工智能、大数据等数字技术不断向传统医疗行业渗透、融合，必将促进医疗行业的巨大变革。智慧医疗，是指物联网、大数据、人工智能等数字技术与现代医疗的充分结合，促进全国甚至全球医疗资源的优化配置，从而提高医疗效率，降低患者就医成本，改变患者就医方式。当前，患者通过在线医疗数字平台，采用文字、语音、图片甚至视频等多种方式向医生描述具体病患症状，就可让医生充分了解患者患病基本情况及病情变化趋势，从而有效制定并提出合理的诊断意见和诊治建议。根据马化腾等著《数字经济：中国创新增长新动能》一书及其他有关的公开资料，"春雨医生""丁香医生""温暖医生"以及其他一系列医疗 App 等在线问诊企业，其服务内容包含病情在线咨询、患者电子健康档案管理、患者相关医疗数据储存、远程视频诊治、药品等医疗物资电商服务等内容，借助这些医疗数字平台，患者足不出户就可以方便地享受远程在线问诊、咨询及医药用品购买一体化服务，不但为患者获得质量更高的医疗服务提供更大便利，也大幅度降低了其就医成本，提高了就医效率，关键是借助数字平台使患者和医生之间可以建立长久联系，缓解医患矛盾，患者和医务人员之间的信任度也逐渐提升。

二、医疗行业变革

1. 数字病人

所谓"数字病人"是"一种新型的以二进制为单位"的病人，"这种病人在进入急诊室的时候，已经被注册，做了相关的检查，并已经有了大概的诊断"[①]。在看到真实的病人前，已经通过电脑了解到病人的情况，并确保含有其健康信息的文件夹在计算机上一直处于激活状态。数字病人的血液检查结果和放射检查报告会被持续跟踪并形成道琼斯指数一样的趋势图，随着指标的增高或降低随时弹出窗口提醒医生和护士及时调整治疗方案，并做有关测试。

近年来，临床诊治的过程已被彻底改变，从传统的医生和病人之间的直接交流，以及医生和医生之间的相互讨论，转换成了信息技术主导一切。

2. 电子病历智能共享

在过去，医生一直是手写病历，而且有些信息是不宜分享的，例如，病人所患癌症是不可治愈的这种信息便不宜分享。今天，大多数人，包括患者和医生在某种程度上都变得更开放、更诚实了。在智能医疗方面，可以通过区块链技术实现个人电子病历的共享平台。

---

① 高杰诚. 智能 3D 可视化数字病人平台构建研究 [D]. 中国科学院大学（中国科学院上海技术物理研究所），2021.

如果把病历想象成一个账本，区块链可以将原本分别掌握在各个医院的病历共享出来，患者可以通过共享平台获得自己的医疗记录和历史情况，医生可以通过共享平台详尽了解到患者的病史记录。共享平台为患者建立了个人医疗的历史数据，不论是就医治疗还是对个人的健康规划，都可以通过共享病历平台了解自己的身体状况和就医历史记录。从而使病历数据真正掌握在患者自己手中，而不是被某个医院或第三方机构掌握。利用区块链技术的加密机制还能保证共享平台兼顾患者的隐私性和病历数据安全性，患者能控制自己的病历向任何一方开放，同样也能控制病历的流动方向。

此外，利用区块链分布式数据库的海量数据可以对个人进行健康画像，通过个人健康模型定期提示体检情况及需要注意的饮食。同样，结合电子病例数据库中的治愈情况，不同患者可以在智能电子病例中得到推荐的医院甚至是医生。通过智能电子病历，可以综合患者过往病史为患者提供预防性医疗建议。

3. 智能处方共享

智能处方共享是指医生在医治患者的过程中可以通过智能处方共享平台查看相似病情的处方信息，从而达到处方共享的目的。

基于区块链技术的智能处方共享平台可以追溯处方来源，同时确保患者不会窜改处方。将药店纳入区块链平台网络中，可以有效确保药品分发透明公开。最重要的是共享平台有利于提高医疗条件不发达或欠发达地区的医疗水平，为患者谋福。尤其在我国中西部偏远地区，患者可以通过处方共享平台得到各大医院对不同病情所开出的处方，从而得到及时的治疗意见。

利用区块链技术实现医院与合作药店之间的连接，建立实时处方分发机制，确保医院与药房处方的一致性、完整性。每份处方都具有处方标签，平台对处方重复使用进行严格控制，出现相同处方标签时会全网通知核验，杜绝处方重复使用的乱象。

4. 医疗智能评级

医疗智能评级是指基于区块链技术建立监管部门与各大医院的联盟链医疗平台，对全国各大医院的病例、处方进行监管，有效缩短查询查复周期，并保证数据的完整及透明性。此外，智能评级系统还会借助区块链中各家医院的数据建立医疗评级模型，对三甲及以下级别的医院定期评级，有效防止医院各自为政，有助于提高医疗综合实力。

5. 药品的溯源

区块链技术与物联网技术融合，能实现对药品全生命周期的追溯。在药品原料采购方面，采用物联网技术，在药品原料采购、运输过程中进行数据采集和监控，并录入区块链分布式数据库进行跟踪。在药品生产制造过程中，通过打通生产制造执行系统（MES）、企业管理系统（ERP）与区块链溯源系统的数据通路，实现生产、销售数据的实时监测和评估，药品溯源系统设有监管节点，所有生产药品需通过监管节点的数字证书签名才能进入市场。在应用端，可以提供用户 App、二维码、微信小程序等追溯媒介，使用户能灵活、便捷地溯源药品的全流程数据。

6.助力临床和健康管理

通过为医生与患者开发虚拟形象个性化人工智能，医生利用个性化人工智能提醒病人注意遵医嘱并改进生活习惯。比如健康状况较差的独居老人往往会存在抑郁的风险，而借助个性化人工智能虚拟形象可以在日常生活中密切注意老人的生活，并督促老人正常饮食及锻炼。如果是一位老人熟悉的家人，还可以在某种程度上营造亲友就在身边的感觉，有正面的心理暗示作用。同样，对出院后处于康复期的患者，虚拟人工智能形象也可以发挥同样的作用，减少患者再次入院的风险。

7.维护临床数据完整性

在区块链上存储原始数据和文件的哈希表，通过哈希算法来验证其他拷贝数据，并将结果与区块链上存储的数据进行对比。由于区块链上的数据储存在百万计的节点上，任何数据被窜改都会被及时发现。另外，此类技术还可以应用在对透明度、细粒度数据要求高的领域，比如医疗行业。医疗机构需要处理大量敏感数据，极容易成为黑客攻击的目标。区块链技术在跨机构验证，分享病人完整数据，生成不可篡改的治疗流程数据账本记录，以及维护临床试验采集数据的完整性上都非常有用。

8.医疗机器人

机器人医生正在大量出现，这些新的机器人，意味着智能医疗的发展，相当于在医疗系统中增加了大量的名医。这些"名医"，不仅具有高超的医术水平，最为重要的是，它们可以不受距离的限制，使优质医疗资源能到达很多偏远的地区。随着技术的发展，未来的很多医疗诊断，通过一个智能手机就能完成。

药房机器人是专门为了药房抓药而设计的，它还能将药片装入贴着条形码的薄膜袋中，然后将这些包装用塑料环捆绑，送去病房装在储药柜里。

毋庸置疑，机器人的确在某些方面比人类更加精准，这就是今时今日机器人已经在医疗行业和其他工厂作业中代替了人力的原因。

随着机器人医生的出现，我们可以预估，优质医疗资源短缺的问题将得到极大的改善，也能降低医疗资源分布的地区不平等。

随着医疗卫生领域不断进步与完善，结合互联网技术与人工智能技术，我国也在大力推进智能医疗的建设。智能医疗是医疗与人工智能融合发展的产物，同时融合了物联网技术、计算机信息处理技术、网络通信技术，通过打造智能化医疗信息平台和医疗档案存储平台，实现患者、医务人员、医疗机构、医疗设备之间的互联互动，逐步达到医疗信息化。

三、数字医疗的发展趋势

近年来，越来越多的智能硬件都可随时连接网络，这无疑为数字医疗的发展提供了良好的土壤。虽然我国大众不像西方国家民众已经意识到健康的自我管理的重要性，并愿意为之支付高昂的费用，但数字医疗可助其健康管理更有效。在我国，数字医疗能为解决医疗资源不均衡、过度医疗、药品和诊疗价格公开度低等问题提供有效的解决方案。

物联网、人工智能、机器学习、区块链数字技术正从消费和商业使用转移到医疗行业，如借助智能手机就能让用户获取和共享自身的健康数据，医疗供应商能与患者全天候互动，还能实现医疗服务的追踪和个性化定制，数字医疗技术的发展和应用使人们越来越确信它将改变医疗行业的现状与未来。数字医疗的内容也非常多样化，涵盖了从面向消费者的一般健康应用程序到通常需要食品药品监督管理局批准的高级临床解决方案，医疗行业的数字化和向以价值为基础的医疗服务的巨大转变，使数字医疗与传统医疗的结合日益紧密，数字医疗行业的趋势也愈加明朗化。

1. 数字技术优化医疗服务的工作流程

传统医疗过程中，患者从预约挂号到接受诊疗到享受医疗服务，通常需要几周或几个月的时间，医生们在诊疗时又十分匆忙，将患者数据输入电子病历还要花费太多的时间，如何高效地进行医疗服务交付成为困扰业内人士和患者的复杂问题。而数字技术的应用可以为那些时间紧迫的医疗人员提供决策支持、更高效的工作流程和不同形式的移动通信，使其能在更短的时间内接待更多的患者，同时也为患者提供更好的医疗体验。

此外，在决策支持、人工智能和数据工具等数字技术的辅助下，就医时间大为缩短，不仅使更多患者得到医疗服务，还有助于降低劳动力成本和医疗成本。例如，护士、初级保健医生、病例管理人员可通过数字技术分担一些原本属于专门医生从事的工作，使医生的更多精力集中于诊疗与医技水平的提升，甚至患者在数字技术的作用下也能利用智能移动设备在家中进行医疗方面的自我管理。

2. 人工智能（AI）助力药物研发与数字干预

人工智能（AI）落地医疗，在助力药物研发、医生诊断等方面表现非凡，目前正在为一线医生降低劳动强度，并帮助医疗资源覆盖到偏远地区。公众能直观感受到的就是多地大医院配备的为患者回答问题、初步分诊、疏导患者的人形导医机器人。其实 AI 更多地表现为助力药物研发以及通过应用程序的设置与数字干预提高临床疗效，药物发现的过程涉及数百种化合物的鉴别以及这些化合物在后续试验过程中持续不断地被剔除，通过缩小治疗靶点的范围，AI能更迅速、廉价地帮助药企研发新药，大大缩短研发新药的时间和成本。此外，借助AI技术，通过以临床上可证明的方式改善患者的健康应用程序等数字干预措施，使用各种健康、行为和情境数据，如睡眠、血压、血糖、体重等来改善患者的治疗计划。这类应用程序具有令人信服的临床疗效，制药公司也有兴趣将数字干预与其生产的药物相结合，以改善预后，并进行产品细分，然后直接与患者接触。例如，将传感器嵌入药丸中，以追踪患者的药物依从性。

3. 智能可穿戴医疗设备促进健康自我管理

虽然借助AI技术使药物研发方式不断改进，但目前药物的输送和监测手段仍然相对滞后。现行的医疗监测与药物输送手段，如量血压和测心率、输液等都容易出现人为失误，如果以皮肤为平台，将可穿戴装备放置在皮肤上以进行持续的生理监测和药物输送实现健康的自我护理，不仅能让患者减少住院时间，而且获得的数据更可靠，更可大大减少人为失误。此外，通过智能可穿戴设备实时监测身体体征数据，通过对身体各项数据的显现，既可改善患者的治疗计划，也可促进更多的患者参与医患互动，还可督促用户养成良好的生活习惯，对疾病的预防也有好处。

4. 数字技术促进医疗数据的集成与分析

近年来，已经出现了电子病历中的数字化健康数据、智能手机捕获的健康数据和基因组数据等急剧增加的趋势。这些新型医疗数据有许多用途，如医生可以通过分析这些数据来做出诊断和决策；患者也可以从数据的预后预测中受益，医疗保险公司可以用它们来完善保险精算模型。而这些数据现在处于孤立、易受袭击的分散式状态，日益庞大的数据处理起来也很棘手，而且所有数据管理如今都面临一个共同难题，那就是无法实现数据共享。而区块链具备收集全球临床信息和共享医疗记录的巨大潜力。在区块链技术的作用下，医疗数据未来应该是集中的、受保护的、网络式的。例如，登记在区块链上的医疗数据会被加密处理，患者可以选择更有保障的途径，不同于将患者的信息孤立地存储在当地的医院，患者的每一次新的就诊经历都会被记录在一个公共平台上，而且这些信息的获取权限完全由患者本人控制，可最大限度地减少隐私泄露的风险。

四、数字医疗面临的挑战

数字医疗领域面临巨大的机遇，同时也面临很大的挑战。这些挑战表现在人才缺乏、监管风险等方面。

1. 人才缺乏

数字医疗行业人才严重缺乏的原因，首先，国内很多医生在心理上不接受数字医疗。他们所积累的经验、人力资本在数字医疗时代，其价值可能大大下降。其次，数字医疗有很高的专业门槛。我国的医疗行业，一直存在较为严格的准入门槛，即使在医疗服务价格信号显示需要动员更多的资源进入医疗行业，实际实行起来也很困难，这使医疗行业很难吸收熟悉数字经济的人才进入。

2. 监管风险

医疗与民生密切相关，一直是国家重点监管行业，进入新兴的数字医疗领域的政策风险和监管风险都比较大。很多数字医疗的应用是让患者自己诊断疾病，这也存在很大的风险，因为，一旦发生误诊，其后果可能非常严重，因此，国家有很强的动力和责任来加强对数字医疗的管理力度。

第五章　数字经济下的产业转型升级

第一节　数字经济下的农业转型升级

农业现代化的推进越来越依赖信息化的发展，信息化的发展程度已经成为衡量农业现代化水平的重要标志。抢占农业现代化的制高点，将"互联网+"与现代农业的全面深度融合作为驱动农业"跨越发展"、助力农民"弯道超车"、缩小城乡"数字鸿沟"的新动能，将成为推动中国农业现代化发展新的重要任务。

一、农业概述

农、林、牧、渔业，即大农业的生产力在整个社会生产力中具有基础作用。

（一）农业的基础作用

1.农业是粮食等基本生活资料的来源

农业是人类生存之本、衣食之源。劳动力的再生产是社会得以延续和发展的最起码、最基本的条件，而要维持劳动力再生产，即人们要生存，首先要有必不可少的粮食等生活必需品。没有农业提供的这些生活必需品，一切人类活动都会终止，劳动力的再生产也会终止。人类最早所必需的一切生活资料几乎全部来自农业。现在来自农业的比重有下降的趋势，但是农业产品及其加工品仍是人类物质生活资料的主要成分。

随着科学技术的不断进步，农业的劳动生产率不断提高。农业劳动生产率越高，农业所提供的剩余粮食等必需品越多，社会就能把更多的劳动力用于工业、商业、文化教育事业等，这些事业就有可能得到更快的发展。反之，如果农业生产率低下，则提供的商品粮少，工业和其他行业的发展就会受到粮食产量的制约。

总而言之，农业能提供多少商品，不仅关系到城乡人民生活的改善，而且直接影响到工业和其他行业的发展规模与发展速度。

2.农业是劳动力的主要来源

工业和其他事业所需的劳动力一部分来自城市，但大部分依靠农村提供。只有农业劳动生产率提高了，才能从农业中节约出更多的劳动力，并把他们输送到工业和国民经济其他部门。

3.农业是原料的重要来源

工业生产所需要的原料，除了由工业本身提供，还有很大一部分要由农业提供。随着工业和生产技术的发展，由工业本身提供的原料的比重会逐步增加，但农业原料在相当长的时期内仍占有重要地位。

4.农业是重要市场

随着农业和农村的现代化，农村这个最广阔的市场对商品、资金、技术的需要和消化能力将逐步提高。它是工业产品与其他商品、资金和技术的重要市场。

5.农业是资金积累的重要来源

发展国民经济所需要的资金来源中有很大一部分同农业有关。农业通过农产品加工生产、运输和向农业销售工业品所得的商业利润上缴部分积累起来的资金。

（二）现代农业发展的成绩显著

1.为乡村振兴提供产业支撑

传统农业粗放的生产方式被现代农业高效、低耗的生产方式所取代，现代农业产业体系、生产体系、经营体系初步建立，绿色农业、循环农业、特色农业、品牌农业蓬勃发展，农业供给体系的质量和效益进一步提高，为乡村振兴提供了产业支撑。实施龙头企业带动战略和工业倍增计划，同时鼓励支持农产品加工业与休闲、旅游、文化等产业深度融合，初步建立起现代农业产业体系。

2.初步形成农业有效供给

各地农村都在调整优化农业结构，推动种植品种由单一向多元化、特色化方向转变，打造品种丰、品质优、品牌强的农产品有效供给体系。

3.引领现代农业绿色发展

经营规模小是现代农业发展的最大制约。农村土地制度改革和农村产权制度改革不断深化，有助于引领适度规模经营，增强农业农村发展的内在动力。

二、传统农业向现代农业的转型

（一）信息技术助推农业全产业链改造和升级

从农业全产业链来看，信息技术与现代农业全产业链的跨界融合，正在助推农业全产业链不断改造和升级，不断提升我国农业生产智能化、经营网络化、管理数据化和服务在线化的水平。

首先，物联网是新一代信息技术的重要组成部分，物联网技术与农业生产融合，催生了农业自动化控制、智能化管理，提高了我国农业生产效率。物联网技术基于信息感知设备和数据采集系统获取作物生长的各种环境因子信息（感知层），结合无线和有线网络等完成信息的传送与共享（传输层），将信息保存到信息服务平台（平台层），基于模型分析，通过计算机技术与自动化控制技术实现对作物生长的精准调控以及病虫害防治（应用层），降低农业资源和劳动力成本，提高农业生产效率。近年来，随着芯片、传感器等硬件价格的不断下降，通信网络、云计算和智能处理技术的革新与进步，物联网迎来了快速发展期。

其次，电子商务是以网络信息技术为手段，以商品交换为中心的商务活动。电子商务与农产品经营深入融合，突破了时间和空间上的限制，正在转变我国农产品的经营方式，农业电子商务依托互联网已经成为推动我国农业农村经济发展的新引擎。一是电子商务加速了农产品经营网络化，解决农产品"卖难"的问题，增加农产品销售数量，并倒逼农业生产标准化、规模化，提高农产品供给的质量效益，提高了农民的收入水平；二是电子商务促进了农业"小生产"与"大市场"的有效对接，从一定程度上改变了以往农产品产销信息不对称的局面，农民可以主动调整农业生产结构，规避生产风险，提升了农业生产的效率；三是电子商务拓展了农产品分销渠道，解决农产品销路不畅的窘境，提高了农民生产农产品的积极性。

最后，大数据是海量数据的集合，作为国家基础性战略资源，大数据已发展为发现新知识、创造新价值、提升新能力的新一代信息技术和服务业态。农业大数据作为大数据的重要实践，正在加速我国农业农村服务体系的革新。基于农业大数据技术对农业各主要生产领域在生产过程中采集的大量数据进行分析处理，可以提供"精准化"的农资配方、"智慧化"的管理决策和设施控制，达到农业增产、农民增收的目的；基于农村大数据技术的电子政务系统管理，可以提升政府办事效能，提高政务工作效率和公共服务水平；基于农业农村海量数据监测统计和关联分析，实现对当前农业形势的科学判断以及对未来形势的科学预判，为科学决策提供支撑，成为我国农业监测预警工作的主攻方向。

（二）数字化对农业转型发展的作用分析

数字农业的发展，一方面得益于物联网等新信息技术日渐成熟，另一方面也是现代农业未来发展的需要。因为农业生产正进入精细农机的阶段，是当今世界现代化农业发展的方向，以信息技术为核心，根据空间变异定位、定时、定量地实施一整套现代化农事操作技术与管理的系统，其根本是根据作物生长的土壤性状，调节对作物的投入。通过物联网与精细农机相结合，特别是较大规模的现代化农场，对企业的经济效益和管理水平都有很大提高。数字农业的应用价值有：建立无线网络监测平台，对农产品的生长过程进行全面监管和精准调控；开发基于物联网感应的农业灌溉控制系统，达到节水、节能、高效的目的；构建智能农业大棚物联网信息系统，实现农业从生产到质检和运输的标准化及网络化管理。

总而言之，数字农业理念的产生给农业发展带来了新的机遇，让农业生产由靠"天"收向靠"智"收转变，让传统农业由结构调整，再实现转型升级，推进农业供给侧结构性改革，大力推进规模化经营、标准化生产、品牌化营销，向农业的深层次、多层次进军。以数字化、智能化、信息化为主要内容的数字农业兴起，有利于形成大批高效、生态、安全型技术和技术产品。

(三) "互联网 +"怎样链接农业

就以往的经验来看，互联网确实具有链接其他行业的属性。例如，实体经济与互联网的链接，催生了电子商务。这不仅使实体经济焕发了新的生命力，使老百姓的生活、购物变得更加便利，而且孕育出了一批优秀的互联网企业，阿里巴巴、京东等都因此而发展壮大。

由于农业本身固有的特点，一直以来并未与互联网发生实质性的链接，但这并不意味着"互联网 +"无法链接农业。

为了尽可能地采取多样的方式接近农村，增加与农民的沟通，更好地为农民服务，村村乐正努力打造一个以村庄小卖部为据点的集物流代办中心、信息交流中心、服务中心、销售中心等为一体的覆盖农村的连锁超市系统。

虽然过去数十年农业互联网化的口号一直存在，但由于农业易受交通、环境等多种因素的影响，因此相比其他领域并不具备链接"互联网 +"的优势。但随着互联网的进一步发展和新农人理念的改变，农业互联网化的趋势正在蓬勃发展。

村村乐的发展属于"互联网 +"与农业的链接和融合。"互联网 +"与农业链接的根本目的在于用互联网的要素带动农业的发展。

(四) 运用互联网思维改造传统农业

互联网的思维方式是系统化的，同时也具备网罗信息资源、搭建优质平台的能力，其与农业的结合可以对农业进行一个系统的产业优化升级，从产业链的每一个具体环节入手，注入现代理念，最终突破农业发展的瓶颈，形成符合时代发展潮流的互联网农业模式，其优势主要体现在五个方面：建立起农业生产的标准、打造高效廉价的营销入口、树立安全健康的品牌形象、升级农产品销售模式、提高农村金融服务。

1. 建立起农业生产的标准

所谓"智能农业"，其核心便是物联网在农业生产中的应用。这种技术可以把农业生产中的诸多因素通过无线传感器进行实时采集，然后及时迅速地将信息进行整合，从而做出精确判断，来决定农业设备是否开启。这样便极大地提升了效率，降低了可能的损耗。

另外，物联网可以从生产这个环节对农业进行彻底改造，目前这种方式还未流行，但必然会成为一个发展趋势。

2. 打造高效廉价的营销入口

对农业来说，互联网营销最大的优点便是成本极低，通过移动信息工具等入口，可以建立多种多样的营销入口，比如微信、微博、QQ 等。互联网通过此类入口可以在客户与行业之间搭建桥梁，并且是相当受消费者信任的桥梁。此外，营销打响品牌的能力也不容小觑。最令传统农业头疼的一个问题就是品牌问题，缺少品牌效应，农产品的附加值就上不去。而营销借助互联网产生了极大的推广效应，因为成本低，所以宣传的覆盖率就可以竭尽所能地扩大。

农业若要建立高效廉价的营销入口，切不可盲从，需要遵循以下三条原则。

（1）不能泛化营销。任何产业都有自己的潜在客户，这些客户就是销售的重要目标。整合数据、精确定位，这是农业营销的第一课。

（2）质量与服务并重。狠抓质量，再加上利用客服保持与客户的紧密联系，营销才能起到应有的作用。

（3）适当控制产业链。不贪多也勿狭隘，既不能试图覆盖整个产业链的经营，也不能只着眼于其中的一个方面。合理分配，优化利用，生产环节中严把质量关与产品标准化生产结合才是最重要的。

3. 树立安全健康的品牌形象

食品安全问题广受关注，人们对食品安全的信任呈降低趋势。如何重拾客户的信任，是传统农业亟待解决的问题。

要想使人们恢复对农产品的信任，最直接的办法便是恢复农产品生产链条的透明化，这在传统农业中几乎是一个不可能完成的课题，但互联网农业却以其强大的线上交流模式弥补了这一缺陷。

可追溯系统是从食品行业中延伸出来的，人们可以通过一个小小的二维码实现对整个生产过程的追溯，包括耕种地点、生长环境、采摘日期等，这样便实现了产业过程的透明化。

当然，可追溯系统实现还需要互联网的支持。由此一来，人们因为了解得多，信任感自然增强，再加上权威机构给予肯定认证，安全健康的品牌形象便可以建立起来。

4. 升级农产品销售模式

目前，电商平台的发展为我国农产品的销售提供了更加便捷的途径。在此之前，农产品生产规模小，与大市场的对接有困难，加之农产品从种植到收获需经历一定时间，受气候等不可抗力因素影响大，因此"销售难"现象时有发生。

电商平台的建立则直接拉近了消费者与生产者之间的距离，使地域问题对农产品的影响相对削弱。距离的缩小意味着成本的降低，从而压低了商品的最终价格。价格降低，销售成本减少，销量增大，企业的利润当然也就随之增加了。

不仅如此，互联网一个极大的优势就是可以利用强大的数据分析帮助农业生产定位客户群，分析客户的需求，这使生产具有了一定目的性，实现了利润的最大化。

5.提高农村金融服务

金融问题一直是经济发展的核心问题，农村金融服务却一直未能跟上经济发展的脚步，不能满足村民的需要。

互联网农村金融服务在未来还有很长的路要走，具体来说主要是两个方面。

（1）小额信贷

小规模的经营者是农村小额贷款的主要服务对象，如零食零售、餐饮业等。

这类贷款业务数额不大，且相对较为分散，与大规模贷款相比，其优势在于更加有保障，也更能吸引贷款者的目光。

更为重要的是，农村城镇化的脚步日益加快，随着越来越多的农村城镇化，对银行的依赖会更大，银行的数量将不断增加。

（2）农业保险

自古以来，农业生产的成败便与自然环境息息相关，与之相应的，农业生产者从投入生产的那一刻起便承担自然和经营两方面的风险，规避风险最有效的方式便是投保。

从大体上来说，保险的形式有两种，一种是政策保险，另一种是商业保险。

但农业经营存在着风险大、赔率高的特点，因此许多保险公司在这一方面的积极性不是很高，直接导致了农业保险种类单一，主要是小麦、玉米、棉花三种农作物。

而现今，借助互联网强大的数据流进行分析，对各种可能出现的灾害等问题进行网络模拟，可以使农业保险赔付率大为降低。

三、智慧农业

（一）智慧农业的布局

什么是智慧农业？所谓与现代紧密结合的"智慧"，无非是指现代信息技术成果，具体来说有物联网技术、音频技术、无线通信技术等。具体放到农业上，是指专家通过可视化远程技术对农业生产的各个环节进行监控和操作，对可能出现的灾害以及其他紧急情况做出及时乃至提前的应对措施，利用此类先进技术从根本上解决粮食安全和食品安全两大基本问题。

就目前的情况来看，投资农业板块还是一个新领域，因此了解农业产业链上的某些公司是如何与互联网进行融合的，对未来投资方向的把握有很大的参考价值。

在农业 IT 服务领域，农村信息化是值得关注的点，神州行就由此出发，进一步完善"智慧城市 + 智慧农村"布局。

（二）智慧农业的关键技术

1. 理解农业电商与智慧农业之间的关系

农业电子商务是电子商务在农业领域中的应用，农业商务活动是核心；智慧农业是现代高科技在农业领域中的应用，现代农业活动是核心。由此可以理解：农业电子商务与智慧农业之间的共同之处在于都是基于现代高科技的农业活动，农业领域的商务活动是农业活动的一部分。智慧农业从狭义上理解主要是将现代高科技应用于农业生产活动，而从广义上理解则包括了所有农业活动。因此，农业电子商务与智慧农业之间的关系是：农业电子商务是广义智慧农业的组成部分，广义智慧农业包含农业智慧生产、农产品智慧流通、农产品智慧销售、农业智慧管理等功能。

2. 智慧农业的高科技让农业更加"智慧"

（1）农业智慧生产

农业物联网是智慧农业依托的主要高科技之一，在智慧农业中，物联网主要起到监控、监测、实时与视频监控的功能。在生产环节，物联网主要是利用信息感知技术对温室与工厂的温度、湿度、水分、光照等参数进行调控，作物在每个生长阶段的情况都会被实时监测。

（2）农产品智慧流通

农产品智慧流通主要包括智慧仓储、智慧配货、智慧运输和流通安全溯源。将射频识别（RFID）技术应用到仓库的物流管理系统，无论是收货、入库、盘点都可以利用自动识别技术，这样一来就大大地节省了时间，提高了工作效率，各个流程之间可以实现无缝衔接。通过 RFID 结合条码技术、二维码技术，为农产品及加工产品加贴 RFID 电子标签、对农产品的流通进行编码，实现农产品的安全溯源。利用物联网技术"网络化"发展战略，建立批发市场信息数据库和集团协同管理信息平台，用来收集、储存、传输与整合客户信息、业务信息、交易信息、市场管理信息等，最终实现客户数据、业务数据的有效性、可靠性、整体性，通过信息流带动物流、商流，协同管控，同时，采用 RFID、传感器、GPS 等高新技术实现智慧配货、智慧运输。

（3）农产品智慧销售

农产品智慧销售是指农产品从预订、生产到物流配送的各个环节都在客户的掌握之中，能实现全程跟踪。主要包括：①产品预订。各生产地，通过物联网技术中的条码技术、二维码技术进行农产品的产地和出货状况的管理，并将农产品信息发布到网络。农产品电商平台用户通过注册会员的形式，实现农产品自由集约订购。②有机生产。③安全监控。为了保证消费者的合法权益，让消费者放心，产品从生产到流通会被全程监控。

（4）农业智慧管理

农业智慧管理包括智慧预警、智慧调度、智慧指挥、智慧控制等。利用物联网技术中的地理信息系统（GIS），可以建立土地及水资源管理、土壤数据、自然条件、生产条件、作物苗情、病虫草害发生、发展趋势的空间信息数据库并进行空间信息的地理统计处理，实现智慧预警。利用专家系统（ES），依靠农业专家多年积累的知识和经验，对需要解决的农业问题进行解答、解释或判断，提出决策建议，实现智慧指挥。利用农业决策支持系统（DSS）可以实现作物栽培、饲料配方优化设计、大型养殖场管理、农业节水灌溉优化等方面的智慧调度。智能控制技术（ICT），包括模糊控制、神经网络控制以及综合智能控制技术，主要用来解决复杂系统的控制问题。通过这些技术可以实现规模化的基地种植、设施园艺、畜禽养殖以及水产养殖中的智慧控制。

第二节　数字经济下的服务业转型升级

随着改革开放和市场经济的发展，我国消费者在物质需求方面达到了小康水平，消费者的需求逐渐转移到更高层次上，即对服务产品的需求。而现实中我国服务业的发展水平仍处于初级阶段，因此服务业的发展问题显得尤为重要。新的需求主要体现在服务行业，发展服务业符合整个社会的总需求。当前中国的问题是：供给主要集中在第二产业，从而导致产能过剩，只能依赖出口，发展外向型经济；而需求主要集中在第三产业（服务业），因此导致了供需之间根本性的矛盾。

当前全球正处于产品时代向服务经济时代的转型期，在这个意义上，对服务业以及服务经济进行研究，对中国产业结构的升级和重构以及人民生活水平的提高有着重要的战略意义。

一、服务业概述

（一）服务：概念与特征

服务是指人或者隶属于一定经济单位的物在事先合意的前提下由于其他经济单位的活动所发生的变化。

随着科学技术的发展，尤其是信息技术的发展以及基于互联网的各种商业模式的创新，服务所包含的范围不断扩大。"服务"被不断赋予新的含义。尽管我们暂时还不能对不断发展变化的服务做出一个严格的定义，但是我们仍能通过总结出学界广泛认可的相关特性，渐渐明晰"服务"的含义。传统意义上，人们认为服务具有如下五个特征。

1. 无形性

这是服务与物质产品的最本质的区别。服务不同于一般商品，服务的空间形态基本上是不固定的，同时许多服务的使用价值和效果往往短期内不易感受到，通常要一段时间后，接受服务的对象才能感受到服务所带来的利益，比如教育服务。所以消费者在购买服务产品时，有时因为难以确定其品质而要承受不确定的风险。但是服务的无形性也不是绝对的，许多服务需要依附有形物品发生作用（如餐饮、具有实验要求的科研活动等）。

2. 不可分离性

服务的生产、销售和消费同时发生。服务在本质上是一个过程或者一系列的活动，顾客必须和生产者发生联系。服务提供给顾客的过程也就是顾客消费服务的过程。制造业中，生产和使用的过程是可以分离的，顾客只进行最终的消费，因此，生产、销售和消费之间存在时间的间隔。

3. 不可储存性

服务既不能在时间上储存下来以备将来使用，也不能在空间上安放以供转移，如果不能及时消费，就会造成服务的损失。它的不可储存性是由服务的非实物性和不可分离性这两个特点决定的。

4. 不可贸易性

由于服务的非实物性和不可储存的特点，服务通常被认为是不可运输以及贸易的。传统的国际贸易的交易对象通常是有形的商品。

5. 所有权的不可转让性

商品交易的是商品所有权，服务是人力资本从事经济活动的过程。服务在生产和消费过程中不涉及有形产品所有权的转移。服务在消费完后便消失了。服务消费者只对服务拥有消费权和使用权，而服务消费只是让渡人力资本的使用权。

在五个特性中，服务的无形性是其他特性的基础。这五种特性也互相影响，形成了服务的特征。技术变迁和信息服务的发展使现代服务业有了新的特征。

（1）服务有形与无形的界限变得模糊

随着科学技术的发展，一些服务提供者正使用现代化手段实现物化服务，无形的服务活动正日益有形化于某种物质产品中，如咨询服务、娱乐服务（音乐、影视等）和软件都可以刻成光盘进行传播。这意味着通过"有形"和"无形"已经无法判断某产品是否为服务产品。

（2）服务的可贸易性

由于部分服务发展了形式存在的载体，服务也变得像物质产品一样具有了可贸易的特征。近年来服务外包和服务贸易的规模不断扩大，甚至其增长幅度都超过了货物贸易，显示出极其强劲的增长势头，在增强自身竞争力的同时，也推进了全球化的进程。

（3）服务的知识和技术密集性

随着科学技术的发展，许多服务业从制造业中分离出来，形成独立的经营行业。科技的发展也改变了某些领域消费者和生产者之间的关系，这在以前是不可想象的，如医疗护理，以前需要医生亲自到场进行诊断，而现在可以通过远程进行诊断。还有一些领域如互联网银行等。在大多数情况下，通过与互联网融合，这些服务提供商变得更有效率。

（4）服务的异质性

不同服务人员在技术水平、服务态度、努力程度方面会有所差异，顾客的个性特征存在差异，服务的时间地点存在差异，故服务的差别性很大。服务不仅受服务生产环境的影响，而且还受服务提供者和服务消费者的特征与水平的影响，例如，对小学生进行高等数学教育，并不能产生对大学生进行相同教育的服务效果。服务质量的异质性使消费者对服务提供商的声誉非常重视。

（二）服务业的界定

服务业的界定在世界各国不同。中国国民经济核算长期参照苏联时期的物质产品平衡表体系。这种适用于计划经济国家的国民经济核算方法，其基本依据是根据劳动的性质，将国民经济分为物质生产领域和非物质生产领域。在非物质生产领域投入的劳动，因为不增加物质产品总量而被认为不创造国民收入。

基于 GDP 核算体系构建后，中国将服务业界定为第三产业，但是在具体划分方面还没有完全与国际标准接轨，且在不同场合使用不同的国际分类标准。在对国内服务业进行有关统计时，依据的是国内产业划分标准；在服务进出口统计方面，依据的是中国国际收支平衡表的划分标准；中国服务贸易具体承诺减让表则依据 WTO 分类标准（WTO 分类标准中，与农林牧渔业相关的服务以及建筑业都属于服务业标准，而根据国内产业划分标准，前者属于第一产业，后者归入第二产业）。

二、我国服务业数字化转型的机遇

服务业门类繁多，特点各不相同，需要分类区别对待。在全面推动服务业创新发展的同时，聚焦服务业重点领域和发展短板，优化产业结构，提升服务业能效。信息、科创、金融、商务、人力资源、节能环保等生产服务，重在提高专业化水平、增强竞争力；现代物流、现代商贸等流通服务，重在降低流通成本、提高效率；教育培训、健康、体育、养老、文化等社会服务，重在打破制度障碍、扩大有效供给；家政、旅游休闲、房地产等居民服务，重在提升服务品质、改善服务体验。同时，充分发挥各地比较优势，支持北京、上海、广州、深圳建设具有全球影响力的现代服务经济中心，加快国家级服务经济中心建设，提升区域服务经济中心辐射带动能力，增强中小城市和小城镇服务功能，全面优化服务经济功能分工和空间布局。

1.生活性服务业和生产性服务业融合发展

数字经济时代，大数据、云计算和人工智能等信息技术日益渗透进生活服务领域，不断增加生活服务业的技术含量，大幅改变服务业技术薄弱、小散乱的传统形象。同样，类似技术也被作为生产性服务的技术支撑，如阿里云就推出了 ET 医疗大脑和 ET 工业大脑，与其电子商务平台具有共同的底层技术。数字技术作为生产和生活领域通用性技术，使生活性服务业和生产性服务业有了融合发展的基础。另外，随着消费品的智能化水平不断提高，产品和服务相结合的"活产品"日益发展成熟，消费品内嵌的传感设备汇聚了丰富的生活消费数据，此类数据不仅为生活服务企业提供改善服务的依据，也是产品生产企业改善设计、优化产品结构的依据来源，消费品物质功能和服务功能的属性，牵引生产性服务和生活性服务融合的趋势更为凸显。

2.公益性服务业潜力巨大

随着人民群众对公共服务效率的需求不断提高，政府不断精简行政性支出，公益性事业的社会化和市场化转型成为必然趋势，由政府承担的公益性服务将逐步进入市场。相对于需求而言，市场化公益服务的供给缺口巨大，数字技术的广泛使用有助于弥补传统公益服务资源缺口。拿养老服务为例，由于中国社会老龄化程度加深，老年人口规模庞大，增速加快，在数字经济时代，以互联网和大数据为依托，借助物联网、移动通信、云计算等信息通信技术手段可以实现泛在信息环境下的无缝接入，集聚并应用老龄人口大数据，为老年人提供全方位、广覆盖、智慧化的各种养老服务，弥补和解决养老资源不足、传统养老服务水平低等问题。同时，不断衍生出的模式创新也将有力地推动公益性服务业发展。

3. 智能即服务成为一种新的服务业态

在信息技术的全面应用和渗透下，交通出行逐渐成为一种新型服务，形成了多种基于大数据分析的交通出行规划，方便出行者从出发到目的地的交通工具和交通路径的灵活选择。欧洲在世界数字交通大会上率先提出"交通即服务"的新概念，获得了美国、日本和韩国交通行业的响应，将交通作为一种服务来规划和设计。按照出行者每次出行的时间、换乘次数、费用开销、碳排放量等指标定义交通出行服务的质量，这将强烈依赖于交通数据的采集、分析和挖掘。

互联网企业更积极地拥抱"交通即服务"的理念，通过"互联网＋"交通雏形，创造出诸如共享打车、专车服务、车货匹配、定制交通、停车 O2O、综合交通信息服务 App 等多种"交通即服务"。

4. 创新服务新模式

数字经济的发展对改善民生、增进社会福祉作用巨大。例如，微信通过一系列创新，能为民众提供一体化、整合性的大量创新服务。政务微信基本形成了部委政府、地方各级部门所组成的微信公众号应用体系，实现了公安、旅游、食药监、党政、交通、教育、医疗、人保、司法、外贸等政府职能全覆盖。在很多政务民生领域，通过微信送达民生服务成为常态。微信推出城市服务，整合公积金、人社、医疗、交通、公共事业缴费、出入境、公安等多种民生服务办事功能，将政府部门线下和桌面的办事流程升级到移动端，使公众足不出户、随时随地就能获得政府提供的服务，使政府更加贴近百姓生活，为公众的生活带来切切实实的便利。微信还积极拓展生活领域，形成便民服务新业态。水电气缴费让用户足不出户享受指尖生活缴费；餐饮、家政、物流、教育、医疗、旅游、酒店、停车、社区等多领域合作形成智慧解决方案，发展 O2O 服务新模式。

5. 推动服务业与制造业融合发展

产业融合是顺应技术进步形势，放宽政策限制，以降低各行业进入壁垒，促使各行业形成良好的竞争合作关系。提出产业融合不仅出现在信息通信业，金融业、能源业、运输业的产业融合也在加速之中。把握制造业服务化趋势，支持制造企业发展研发设计、品牌开发、营销服务、检验检测等价值链高端服务环节。发展"互联网＋服务"，支持移动互联网、大数据、物联网等新技术应用实现服务业与制造业的无缝衔接。

三、智能服务产业化发展

（一）智能服务产业化发展机制

推－拉理论（the Push and Pull Theory）最早是在 19 世纪末，由 E.G. 雷文斯坦（E.G.Ravenstein）针对人口迁移研究提出来的。系统的人口转移推－拉理论是 20 世纪 50 年代由唐纳德·博格（D.J.Burge）提出的，其主要观点是人口转移是两个不同方向的力相互作用的结果，即人口的流动对流入地来说，其主要原因是该地区具有吸引人口的"拉力"，而对流出地来讲，其主要原因是该地区有驱使人口向外流出的"推力"。该理论被提出后在产业发展、市场营销等领域得以广泛应用。

根据推－拉理论，构建智能服务产业化发展的动力模型。从根本上讲，驱动智能服务产业化发展的动力因素，可分为推力因素和拉力因素两大类。推力因素从微观主体企业来讲，至少有三个因素：其一，技术创新。微观主体为提高企业的竞争力，要通过持续研发和技术创新，增强产品的技术含量，提高产品的附加值，产品的智能化和智能服务的实现也是一部分企业的目标。其二，机器换人。机器换人不仅可以缓解我国劳工缺口，而且还可推动智能制造和智能服务产业发展。其三，转型升级。经过多年的持续快速发展，我国已成为具有重要影响力的世界制造业大国，但大而不强，经济发展过度依赖能源资源消耗，资源环境和要素成本约束日益趋紧，企业转型迫在眉睫，而智能服务产业无疑是产业转型升级的重要方向。

拉力因素则可从市场和政府视角来考虑，至少存在如下三个因素：其一，市场需求的多样性。随着经济发展和消费者收入水平的提高，市场需求表现出多样性、个性化、质量化、多变性等特征和趋势。其二，服务智能化。由于智能服务产业可以自动辨识用户的显性和隐性需求，并且主动、高效、安全、绿色地满足其需求，这不仅仅是传递和反馈数据，更是系统进行多维度、多层次的感知和主动、深入的辨识。其三，政府激励政策。随着德国工业 4.0 等智能服务产业的推进，智能服务产业已成为经济社会发展的高端和战略性产业，得到政府的高度重视，因而政府会采取政府补助、税收优惠等多种政策措施引导和推动智能服务产业的发展。

可见，通过推－拉理论，可以构建一个由内生动力机制和外生动力机制组成的智能服务产业化发展的动力机制，推动我国智能服务产业化发展。

智能服务产业化发展受微观主体——智能服务企业的动力和能力影响，我们可从制度创新、政策创新、技术创新和管理创新的创新机制和利益机制的完善等进一步构建智能服务产业化发展的驱动机制。

（二）智能服务产业化发展的关键影响因素

影响智能服务产业化发展的因素主要有：

1. 智能基础设施服务能级全面提升

智能基础设施是智能服务产业化发展的一个关键影响因素。我国应重点关注以互联网为代表的新兴信息技术在普及和应用方面的不平衡现象的原因，加快布局下一代互联网，提升互联网普及应用水平，加快智能服务平台的构建和完善。

下一代互联网已成为信息技术领域新一轮国际竞争的战略制高点，加快下一代互联网建设和应用，对提升互联网产业竞争力、实施网络强国战略具有重要意义。因此，我国应深入分析网络基础设施建设中主要存在的宽带网络用户普及率较低且分布不均衡、下一代互联网发展路线图和时间表尚不明确、下一代互联网产业链各方的积极性尚未充分调动、特色业务应用不多、对下一代互联网应用拉动力不强等问题，重点研究按照"政府引导、应用驱动、积极过渡、开放创新、保障安全、跨越发展"的基本思路，构建设施先进、节能泛在、安全可信、具有良好可扩展性和成熟商业模式的下一代互联网，加快推进互联网协议第6版（IPv6）网络规模化商用，打造下一代互联网产业链，实现下一代互联网在经济社会各领域深度融合应用，使我国成为全球下一代互联网发展的重要主导力量。

智能服务平台和信息基础设施一样是影响智能服务产业化发展的基础支持和关键影响因素。大力实施创新驱动发展战略，以创新资源共建共享的协同发展为主要抓手，着力构建"智能大脑"平台、智慧城市大脑、云计算中心、智能制造服务平台、创新设计平台等一批开放型、一体化的智能服务平台，支撑我国智能服务产业化发展。

（1）顶层设计构建智能服务平台

政府应积极谋划建设我国的智能服务平台，高度重视"智能大脑"平台的建设、云计算中心的建设和智能制造服务平台的建设。智能服务平台的构建可以通过政府扶持，以国内优秀企业通过商业驱动模式组织实施，科研机构、企业、创业者等可以通过智能服务平台实现产品或装备的智能化。

（2）创新智能服务平台构建模式

聚焦智能服务产业的重点领域，引导企业树立开放式创新理念，创新柔性引进、合作共建模式，支持企业牵头、联合知名高校、研发机构、创新团队，前瞻布局共建一批以智能服务产业研究为特色的新型产业技术研究院，搭建一批产业公共技术服务平台，加快推进智能硬件共性技术研发平台、3D打印公共技术服务平台等建设。

2. 智能服务核心技术创新能力全面提升

我国信息产业的企业多处于产业链下游，对信息化至关重要的芯片、操作系统与CPU等核心软硬件技术、设备与国际先进水平存在明显差距。在对我国各信息行业的发展现状、国际地位及其市场重要性探讨的基础上，明确我国目前在信息领域的优先方向，通过超前布局以把握网络技术转型机遇实现"弯道超车"。我国应在新一代移动通信、集成电路、大数据、先进制造、新能源、新材料等方面进行战略布局，加大研发投入，以赶超先进国家，引领未来产业发展。而为化解信息技术从研发、流转、应用到市场化等各环节的机制体制障碍，提升创新体系整体效能，我国可以技术链、价值链、产业链、供应链的"四链融合"作为理论支撑，通过智能服务产业的技术链、产业链、供应链、价值链"四链"优化及深度融合的创新机制，构建"三围绕"模式（围绕产业链部署技术链，围绕技术链提升价值链，围绕价值链完善供应链）的良性运行机理，构建以智能服务产业化发展对信息网络技术的强大需求为牵引，进口替代与出口导向做推动，政府主导型、大企业集团主导型、中小企业协同创新主导型、多层次技术供给体系主导型、国际创新要素集聚主导型等方式，驱动智能服务产业化发展的核心技术创新能力提升，从而促进我国智能服务核心技术从跟跑、并跑，向并跑、领跑转变。

（1）政府主导型（涉及国家安全和长远发展）的关键核心技术赶超实现路径。计算机操作系统等信息化核心技术和信息基础设施的重要性显而易见。我国要继续大力发扬"两弹一星"和载人航天精神，加大自主创新力度，集中优势力量协同攻关实现突破，从而以点带面，整体推进，为确保信息安全和国家安全提供有力保障。

（2）大企业集团主导型的新一代信息技术赶超的实现路径。联想、华为、海尔都是我国后发型企业充分利用比较优势培育国际竞争力的典型案例。我国应发挥核心竞争力强的大企业集团的作用，加快提升我国信息核心技术的创新能力。

（3）中小企业协同创新主导型的基础软件技术赶超实现路径。在发达的互联网基础上建立起来的创新型中小企业，其市场交易与企业间分工协作不受地理空间局限，将加速默会知识和黏性知识的流动，使信息、物流、管理等要素的共享程度更高。

（4）多层次技术供给体系主导型的基础前沿技术和共性关键技术的赶超实现路径。构建高效强大的共性关键技术供给体系迫在眉睫。我国可借鉴先进国家的相关成功经验，结合智能服务产业的发展现状及特点，分析各技术合作供给模式进行共性信息技术研发的优缺点及其在不同行业及产业链不同环节的适用性，采取有针对性和可操作性的对策措施。

可见，通过进口替代和智能服务产业化发展对基础前沿技术及共性关键技术的强大需求，我们可通过"四链"深度融合发展，不断完善基础前沿技术和共性关键技术的技术供给体系，从而进一步提高基础前沿技术和共性关键技术的创新能力。

3. 智能服务企业的培育和壮大

企业家是企业财富创造活动的领导者，是智能服务产业化发展的主力军，因而要加强企业家队伍的建设。依托培训机构和大型企业，按照市场化运作、企业化运营、政府补助相结合的方式对企业家开展分领域、分层次、多形式的培训，着重培养和提高企业家创新发展、决策管理、资本运作、市场开拓和国际竞争能力。构建新生代企业家培养和联系服务机制，积极引进高层次经营管理人才，培养高水平职业经理人，创新人才激励机制，支持企业开发利用国内国际人才资源，完善更加开放灵活的人才培养、引进和使用机制，提升企业经营管理水平。加强企业家协会、企业联合会等行业协会建设，打造产业性和区域性企业家联盟。适时举办"商界精英"大会，邀请世界500强企业家参加，打造国际化企业家交流平台，拓宽企业家国际合作渠道，培养一批具有全球化视野的高素质企业家。

作为一个新兴产业，智能服务企业的来源主要有以下途径：一是传统服务企业的智能化改造和升级。随着云计算、大数据和人工智能的发展，机器学习、语音识别和自然语言处理、计算机视觉等被广泛应用于生产性服务业，企业会越来越重视研发设计、生产制造、经营管理、市场营销、售后服务等环节的智能化转型，这将有利于企业新竞争优势的培育和比较利益的增进。二是信息网络技术发展所带来的新模式和新业态所催生的智能服务企业。三是引进外资智能服务企业。

智能服务企业是智能服务产业化发展的基础。因此，政府应引导和支持智能服务产业领域重点企业开展技术创新、管理创新和商业模式创新，促进企业由小到大、由弱变强，为智能服务产业的蓬勃发展提供良好的条件。鼓励大企业构建大中小企业协作生产、协同创新的生态圈，培育发展平台型企业。聚焦智能制造装备、智能终端产品、人工智能技术、智能制造服务平台等领域，推动高成长企业培育、创新型示范企业培育、小微企业"上规升级"等专项行动，培育一批智能服务单项冠军企业和"专精特新"中小企业。支持装备制造企业以智能化升级为突破口，从提供设备向提供设计、承接工程、设施维护和管理运营等智能制造一体化服务转变。鼓励工程设计院、工业信息工程与服务公司、自动化成套公司、大型控制系统供应商，发展成为智能制造系统解决方案供应商。

4. 智能服务人才资源培养和集聚

创新驱动实质上是人才驱动。人才是智能服务的核心，是智能服务产业化发展的中坚力量，要通过外引内培，集聚一批智能服务产业化发展需要的具有技术创新能力和跨界管理能力的人才。

（1）健全智能服务人才培养体系

面向智能服务产业化发展的需求，支持高校设置"数字经济""智能服务""互联网＋"等相关专业，注重将国内外前沿研究成果尽快引入相关专业教学中，重视高等院校专业学位建设，健全智能服务人才培养体系，加强高层次应用型专门人才培养。在重点院校、大型企业和产业园区建设一批产、学、研、用相结合的"数字经济""智能服务""互联网＋"专业人才培训基地，积极开展企业新型学徒制试点。继续加快引进大院大所，增加引进人才的承载载体和人才培养载体。结合国家专业技术人才知识更新工程、企业经营管理人才素质提升工程、高技能人才振兴计划等，加强智能服务产业职业人才和高端人才培养。

深化人才体制机制改革，完善激励创新的股权、期权等风险共担和收益分享机制，在大中型企业推广首席信息官制度等，用好人才、留住人才，稳定壮大人才队伍。

（2）加大高层次人才的引进力度

加大引进人才力度，调整完善高层次人才引进政策，吸引具备创新能力的跨界人才，营造有利于智能服务产业优秀人才脱颖而出的良好环境。

加大重点人才引进平台建设力度，引导企业建立博士后科研工作站、企业研究院等平台，鼓励研究机构和重点企业在创新人才集中的国家或地区建立海外引才基地，面向全球引进和集聚数字经济智能服务专业人才。

以"领军拔尖人才引进"计划、"领军拔尖人才培养"工程等重大工程为依托，研究制订"促进数字经济和智能服务发展人才专项计划"，完善数字经济和智能服务高层次人才服务体系。充分发挥市场机制基础作用，强化企业引才主体地位，鼓励行业协会、社会中介机构等社会力量参与，加大引进海内外高层次人才，加快吸引全球数字经济和智能服务等新经济产业领军人才。加快吸引培育创业主体，重点培育创客极客（变革式）、科技人员（团队）、跨区域创业者、系列创业者、产业组织者等创业主体。构建和完善我国各高校创客人才培养机制，吸引一批思维活跃、创意丰富的青年人才进入数字经济和智能服务领域，不断壮大我国数字经济和智能服务产业的人才队伍。

5.信息安全体系构建和完善

信息技术的广泛应用和网络空间的发展，极大地促进了经济社会繁荣进步，但是，信息安全整体形势日趋严峻。我国应构建适应市场需要的以创新为导向的科技金融服务体系，研究信息产业技术标准化的演化规律，构建有利于智能服务产业化发展的信息安全体系。

（1）信息安全标准体系建设

建立并完善基础共性、互联互通、行业应用、网络安全、隐私保护等技术标准，建立信息安全测评评价体系、审计监督体系，提高对信息安全事件的监测、发现、预警、研判和应急处置能力。加强智能家电家居、智能汽车、智能机器人、智能可穿戴设备等热点细分领域的网络、软硬件、数据、系统、测试等标准化工作。

（2）信息安全保障体系建设

加强智能基础设施的网络保障，实行网络基础设施与安全保密设施同步规划、同步建设、同步使用。加强政务云计算服务网络的管理，加大党政机关重要信息系统、基础信息网络以及涉及国计民生的重要应用系统的信息安全防护，加快完善网络安全保障及应急防控体系。组织开展工业企业信息安全保障试点示范，支持系统仿真测试、评估验证等关键共性技术平台建设，推动访问控制、追踪溯源、商业信息及隐私保护等核心技术产品产业化。

（3）信息安全监管制度建设

加快探索数字经济和智能服务领域的信息安全管理机制、路径，提高风险隐患发现、突发事件处置恢复、专业支撑服务能力。全面落实风险评估、等级保护、分级保护、应急管理等监管制度，重点保障网络安全、畅通、可靠和应急保障。

开展以协同合作、应急处置为主要内容的安全运营业务的预案设计和演练，从流程上确保安全运营执行能力的全面提升。组织数字经济、智能技术与实体经济融合的信息安全培训，培育信息安全专业技术服务队伍，增强信息安全意识。

6. 智能服务产业化发展的财政支持政策的优化和完善

智能服务产业作为经济社会发展的高端和战略性产业，需要得到政府的扶持和引导。进一步完善金融扶持政策，加大财税政策支持力度，拓宽融资渠道，降低融资成本，对我国推进智能服务产业化发展具有重要的作用。

（1）加大财政支持智能服务产业发展的力度

逐步建立以政府投资为引导，以企业投资为主体，金融机构积极支持，民间资本广泛参与的创新型智能服务产业投融资模式，并通过合理方式授权企业参与运营和管理，形成可持续的商业模式，以加快智能服务产业化和市场化的推广应用。

（2）完善支持智能服务产业化发展的税收和金融政策

拓展金融支持渠道，鼓励建立各类智能服务发展基金，积极推进互联网金融交易和信息服务平台建设，有序发展基于互联网的供应链金融、众筹融资、金融云服务等新业务，加快培育大宗商品供应链金融、航运金融、航运保险等高端港航服务业。运用互联网、大数据、云计算等信息技术优化传统金融业务流程，促进基于金融大数据的信息消费和信用惠民服务业发展。

（三）智能服务产业化发展的支撑体系与政策建议

1. 智能服务产业化发展的培育机制构建

智能服务作为服务产业先进方向的最新形态，正在成为我国服务业转型的新方向、新趋势。智能服务是一种新的经济形态，是智能服务技术广泛应用于生产和服务各领域，实现智能化生产和服务、泛在化互联，提供个性化产品，最终表现为虚拟化企业的新的经济发展形态。后发企业可以开发出后发优势，进行跨越式发展，如阿里巴巴、华为、海尔、联想等典型企业，通过"智能技术＋服务""智能服务技术＋产业"，让传统产业运用互联网思维改造自身企业的业务流程和商业模式，重塑企业的整个价值链，构建竞争新优势。

（1）"智能服务技术＋传统产业"转型升级的作用机制

我们可从微观、中观及宏观层面分析智能服务技术促进传统产业转型升级的作用机制。在微观层次，企业运用智能服务技术的前提是信息技术基础设施的建设和完善，而这有利于促进企业信息化水平提高、各环节之间交易费用下降、诸要素的使用效率提升，从而使价值链获得重新构造。在中观层次，智能服务技术与生产制造技术的融合，有利于促进产业技术改革、产业效率提升和产业结构转型等。在宏观层次，国民经济各个领域应用智能服务技术，催生了大量的新组织、新业态、新产品、新商业模式，在生产力水平提升、经济结构优化、市场需求拓展等方面都会产生新的增长点。而上述三个层次效率的协同则是智能服务产业化可持续发展的重要驱动源。

（2）推进"智能服务技术＋传统产业"深度融合的实现路径

通过互联网、云计算、物联网等信息技术与各行业领域的深度融合，以智能服务技术为主攻方向实现资源整合与优势互补，促进智能服务企业竞争力提升。一是在传统制造业中引入互联网发展模式，通过融合质量提高，推动传统产业绩效的提升。二是通过推进与智能服务技术相配套的物联网、互联网销售平台、信息化决策咨询等生产性服务业的发展，推动智能服务企业竞争力提升。

我国企业要借鉴发达国家的成功经验，探索我国智能服务企业国际竞争力提升的路径，包括探讨电子商务环境下，引导国内企业"走出去"，促进人才、技术、资本、服务、信息等创新要素的跨区域流动与共享的运营模式，研究基于"海外设计""海外营销"提升企业国际竞争力的策略，探究国内外企业基于电子商务下更广范围、更深层次展开合作的形式和途径。通过"国际化＋智能化＋模式创新"，重塑我国企业的国际竞争新优势，并推动我国智能服务产业化发展。

2. 智能服务产业化发展的支撑体系

（1）智能服务产业化发展的政策支撑体系构建

尽管我国在智能服务产业发展的部分相关领域抢占了先机，但仍面临着一些问题，主要表现为：信息网络仍然存在公共基础设施定位不明确、城乡普及不平衡、技术和市场的不确定性、技术标准制定相对滞后、网络安全尚存在隐患等问题，而这些问题的解决离不开相关政策的支持。

①加强安全保障和监管力度。

②加快布局下一代互联网。

③建立人才政策支撑体系。

④建立金融政策支撑体系。

⑤建立财税政策支撑体系。

（2）智能服务产业化发展的法律支撑体系构建

关于智能服务技术的法律法规仍显不足，尤其是智能服务技术所涉及的知识产权保护、隐私保护和网络安全方面的法律法规相对缺乏与滞后。智能服务技术企业对知识产权保护、隐私保护和网络安全方面的需求非常迫切，而且在产业化发展过程中，消费者保护方面的法律也亟待完善。

健全完善的知识产权法律制度，有利于激励创新主体研发智能服务技术的积极性，可有力地推动智能服务技术成果的转化和市场化。

（3）制度、科研管理和政策措施的创新联动

我国应从制度创新、科研管理创新和政策措施创新的联动视角出发，探讨有针对性的对策建议。

①制度体制创新。进一步培育和完善平等竞争的投资环境，坚持产权明晰和平等保护物权，形成各种所有制经济平等竞争格局，鼓励和引导民营经济和民间资本健康发展；进一步健全现代市场体系，加快形成统一开放、竞争有序的现代市场体系，发挥市场在资源配置中的决定性作用，鼓励民间资本和民营经济进入智能服务产业，引导民营经济广泛应用智能服务技术改造提升服务产业，破除体制障碍，为智能服务产业化发展提供制度创新支持。

②科研管理创新。在信息化和全球化环境下，传统企业边界正被逐渐淡化，知识快速扩散，要素频繁流动，导致知识传播范围更大，再加上风险资本的介入等，使开放式创新成为可能。因此，我国应拓宽视野，树立和建立开放式创新理念及思维。在经济全球化背景下，若企业创新仅仅强调企业的自我创新，仅依靠自己的力量，则既可能导致企业因自

身研发经费的不足而致使新技术短缺，又可能因开发的技术与市场需求相脱离而被束之高阁。开放式创新作为当今的一种新的创新模式，将吸纳更多的创新要素，形成多主体创新模式，对优化我国科技资源配置，提高我国智能服务技术企业自主创新能力具有重要意义。

③政策措施创新。政策引导是我国智能服务产业化发展的必然要求。在中国这样一个经济发展水平总体大而不强、经济社会发展不平衡，又处于体制和发展方式双重转轨过程中的新兴市场经济大国，智能服务产业化的推进过程必须有政府政策的积极导向和调控，使之既遵循现代服务业发展的一般规律，又体现出我国装备产业建设的投入力度，重视智能服务技术的商业化和市场化转换，研究和推广智能工厂、数字化车间和智能服务等新模式，积极引导和鼓励传统服务产业应用智能服务技术，分业施策，分企推进，推进智能服务产业化发展。

（4）加强创新资源整合，突破智能服务产业关键核心技术

我国应加强创新资源整合，加快突破智能制造和智能服务的关键技术及核心部件。一是建设一批以智能服务产业创新中心为代表的产、学、研、用联合体，推动物联网、大数据、人工智能、装备等不同领域企业紧密合作、协同创新，推动智能服务产业链各环节企业之间的分工和协作，逐步形成以智能服务系统集成商为核心、各领域领先企业联合推进、一大批定位于细分领域的"专精特"企业深度参与的智能服务产业发展的生态体系。二是支持装备智能化升级和智能服务技术商业化及市场化，支持自动化企业、信息技术企业等通过业务升级，打通纵向集成，加速培育有行业、专业特色的智能服务系统解决方案供应商。

（5）加强多层次合作，创新共性关键智能技术供给体系模式

由于共性关键智能技术不仅具有准公共产品属性，而且具有易逝性、缄默性和复杂性，多数中小企业不仅无力识别、研发，还容易使率先创新的企业因激励机制扭曲（如"搭便车"）而放弃创新努力，由此构成的"囚徒困境"容易导致市场与组织的"双重失灵"，使其供给严重不足。因此，我国可采取下列三种模式。

①以政府为载体的研发供给。成立国家级和省级智能技术研究院，承担基础性重大关键性技术的研发。政企间协作，共同成立共性技术研发基金，为关键技术创新提供资金支持。

②以产、学、研为平台的供给体系。产、学、研这三类主体针对某一共性技术建立研发联盟，实现优势资源协同互补，这不仅能实现人才的柔性流动，使研发效率提升，还能更好地把握技术先进程度与成本的适当平衡点，提高研发与市场需求的吻合度，促进智能服务技术成果商业化、市场化和产业化。

③企业间战略合作的研发供给。"风险共担、收益共享"的协同攻关机制可增强企业间默会知识与信息的溢出效应，使其"干中学"绩效优化，同时多家企业在"试错"上的

分工协作可使智能服务技术成果转化为生产力的效率提升。因此，企业之间研发的战略合作，可集聚创新资源、整合研发力量，在智能服务技术设计研发、工艺改进、市场开发等方面协同创新，合作企业既分担了研发风险，又提高了智能服务技术的创新能力，而且还加快了智能服务技术在企业的应用，从而推动了传统企业的智能化改造。

（6）鼓励跨界融合创新，探索推广智能服务产业化发展新模式

积极引导一、二产业企业与互联网企业、信息技术服务企业跨界合作，促进物联网、大数据、人工智能等在生产链各环节的广泛应用，探索推广产业智能化和智能服务技术产业化的新业态、新模式。面向机械五金、家用电器、电子信息、塑料模具等离散制造领域和化纤纺织、医药化工、精细化工等流程领域，紧扣关键工序智能化、生产过程智能优化控制、供应链及能源管理优化，建设智能工厂和数字化车间，实施推广离散、流程行业智能制造模式。面向服装、家电、厨卫等终端消费品以及汽车、机床、船舶、电梯等装备制造业领域，支持企业建立网络化、开放式、个性化定制平台，采集用户个性化需求，建立柔性化的生产组织和柔性化的供应链管理，推动重点产品数据库开放共享，发展动态感知，实施响应消费需求的大规模个性化定制智能制造模式。鼓励制造业骨干企业通过互联网与产业链各环节紧密协同，探索建立基于网络的协同研发、协同生产、协同营销的新型组织体系。

（7）完善人才引育体系，增强智能服务产业人才有效供给

随着我国智能服务产业化发展，具备操控智能技术技能的现代化产业工人的结构性缺失问题将日益严重，因此，完善人才引进、培育体系，保障智能服务产业发展的人才资源的有效供给日趋重要。我国应进一步研究完善"外引内育"的人力资源供给机制，积极利用"乌镇峰会""机器人峰会"等平台的知名度，发挥现有行业领军人才的影响力优势等，优化人才引进的激励机制和人才服务配（套）体系，加快引进一批国内外有较强影响力的领军人才和拔尖团队。建议重点实施国外智力引进工程。通过持股、技术入股、高薪、住房、医疗、子女入学等政策措施，积极对接发达国家重点产业园区，对重点企业和重大项目所需引进的技能人才给予适当补贴。

同时，我国应进一步优化人才培养机制，实施企业家素质提升工程，利用MBA研修班、企业家培训班、优秀企业考察等方式，持续提高企业家经营管理水平。加强专业技能人才队伍建设，建立和完善政府统筹、行业指导、企业和培训机构自主组织培训的运行机制。

通过委托培养、专业培训、干中学等壮大紧缺专业人才和高技能人才队伍，为智能服务产业化长远发展储备后备力量。

（8）优化政策引导方式，推动智能服务产业化发展

针对智能服务相关装备投入成本高、回报周期长、产品市场应用推广难等问题，要创新财税金融支持方式，推动服务业向智能服务业转型。

①创新金融支持方式。鼓励金融机构围绕智能制造装备与智能服务技术应用重点领域特点，开发适用于智能制造和智能服务领域的金融产品，同时引导融资租赁公司加大融资服务力度，企业可通过融资租赁方式加快智能化生产装备改造升级。将融资租赁服务纳入各级政府购买服务目录，在提供公共服务、推进基础设施建设和运营中购买融资租赁服务。

②加大对国产装备应用的支持力度，在政府投资项目、国有投资项目招标以及政府采购领域加强对智能化首台（套）装备产品的倾斜力度，提高首台（套）产品采购比例；将符合条件的智能制造装备增补到《首台（套）重大技术装备推广应用指导目录》中，纳入首台（套）重大技术装备保险补偿机制试点范围。

③完善税收政策。进一步加强专项建设基金等现有资金支持力度，对企业推进产业智能化改造、智能服务技术研发、智能服务技术商业化和产业化等优先给予重点支持；对智能装备企业自主开发嵌入式软件的增值税给予即征即退政策，鼓励装备类企业开展软件自主研发，提高企业核心竞争力。

（9）加大政策扶持力度，加快推进智能服务基础设施建设

①加强信息网络基础设施建设。我国应加强政策研究，把握"云—端—网"一体化发展趋势，通过专项资金、政府补贴、公私合作（PPP）等，深入推进光网城市、无线城市工程；加快推进重点产业平台（园区）的光纤网、移动通信网和无线局域网的部署与优化，实现制造业企业信息网络宽带升级；加大物联网技术在工业生产中的应用，引导企业开展工业互联网、信息物理系统等技术标准的研制、评估、试点，探索建设机联网、厂联网，构筑泛在化、融合化、安全化的促进智能服务产业化发展的网络基础设施。

②推进云平台建设。在公共服务领域，由政府主导，整合公共资源，建立为公民和企业的直接需求提供云服务的创新型服务平台；在工业云服务领域，由龙头企业、产业技术研究院、行业组织等主体牵头，组织产业链、创新链上相关企业、高校、科研院所等机构，成立以企业为主体、多种形式的行业云。支持有条件的骨干企业，积极利用云计算、实时

商业分析、大数据管理等多项技术，建立企业私有云。

③构建信息安全体系。重视信息网络基础设施安全防护和用户个人信息保护，加强安全技术研究，全力突破适用于智能服务产业化发展的安全防护、安全监测等关键技术，提升智能服务产业网络安全防护、应急、态势感知等能力；构建覆盖智能服务产业的研发设计、生产、运维等产品全生命周期的安全保障技术体系，完善网络数据共享、利用等的安全管理制度和支撑智能服务产业发展的关键网络基础设施保护方案，为推进智能服务产业化发展提供安全的网络基础设施。

第六章　社会化媒体营销

第一节　社会化媒体营销基础

一、社会化媒体营销的基本特征

（一）多平台多媒体传播方式

互联网时代，我们不仅拥有多种社会化媒介平台，同时也改变了很多传统的传播方式。从微博、微信、直播这种社会化媒介平台或者更加垂直化的信息平台来看，个人和企业都是自媒体的一部分。每个账号都成了自媒体，这种现象就证明了自媒体不是一时兴起的时髦，而是一种趋势。利用自媒体媒介平台，每个人独立打造出个性化的信息平台和信息体。因此，品牌传播可以利用各种社会化媒体平台传播文字、图片、音视频，同时还会在线上线下进行互动，传播效果也大大地增强了。

个人网站、博客、播客等平台的影响力在逐渐衰弱甚至消失，微博、微信、直播正当其中。微博、微信相对于传统媒体最突出的特点就是可以带动信息的二次传播，再次扩大了受众的范围。传播者通过新媒体发布信息，目标受众接收信息后利用自媒体媒介平台将信息再次传达给身边的人，信息的传播就像跑步接力赛一样，具有延续性和循环性。一次又一次的信息传递，传播者和接受者都会呈几何倍数增长。最终，传播者会惊喜地发现接收到信息的受众会比他预期的规模大得多。而导致受众规模扩大的并不是一手信息的传播者，而是接收信息后又将其再次传递的人。传统媒体在传播的过程中也会有二次传播的发生，但新媒体的先天媒介优势使二次传播变得更加容易，比如微博的一键转发功能、微信的朋友圈分享功能。

（二）注重受众体验

网络品牌传播是采用一切传播手段拉近与受众的距离，将受众的品牌体验和感受放在最高的位置。由于互联网环境下，品牌传播者可以更容易地接触到受众，得到受众的反馈，如用户对产品的体验和感受，以及建议。占据着"天时、地利、人和"，品牌自然会利用现有的资源将自己的品牌价值最大化。如果用户有很不好的品牌体验，负面信息就会很容易在网络上传播，而且需要品牌耗费很大的精力才可以解决，而品牌所造成的负面影响不是一时能消除的。为了树立品牌在消费者心中的良好形象，需要从预防问题和解决问题两方面入手。（1）用户至上，将用户的体验和反馈作为最珍贵的信息，致力于让用户拥有更好的品牌体验。这种体验应该是全方位的，从视觉接触到对产品的使用上。相对于传统品牌，"互联网＋"下的品牌更容易接触和关注到用户，对用户无微不至的体贴成本是相当低的。要预防由于用户体验不好而产生负面信息，并收集相关信息对产品进行升级和改造。（2）当用户体验不满而对品牌产生负面影响时，除了采取危机公关，消除社会、公众对品牌的危害，同时还应该全力安抚品牌的目标用户。目标用户是品牌最近距离和地位最重要的受众，在这个时候，更应该拉拢用户的心。很多时候，完美的用户体验会提升用户对品牌的忠诚度，帮助品牌维护品牌形象。他们会在品牌负面信息出现时，做有力的回击。

二、社会化媒体营销的基本策略

（一）社会化营销的策略

社会化媒体营销并不能完全取代传统营销，它是对传统营销的扩展和延伸。企业想要长期发展，就要整合社会化媒体营销策略和传统媒体营销策略。

1. 精准营销

精准营销是社会化媒体营销的最大优势。社会化媒体营销可以让企业精准定位目标市场和目标受众，并进行精确的衡量。企业充分利用社会化媒体，将营销信息推送到比较准确的受众群体中，既节省营销成本，又能收到最大化的营销效果。如今，互联网上的信息将被高度聚合，受众也被深度细分和聚合，企业可精准锁定自己的目标受众，完全按照受众的需求和关注点进行个性化定制，低效的强制性硬广告将淡出市场。企业还可以了解每个受众的网络行为轨迹，归纳不同的细分群体，通过植入式的网络精准营销来传递信息。

在互联网时代，QQ是标配的沟通工具；在移动互联网时代，微信是标配的沟通工具。微信因其可以发送语音的创新加上私密互动性的特点，成为人们日常生活中不可或缺的沟通工具，进而成为企业竞相加入的营销新平台。

可以实现包括用户分组、地域控制在内的精准消息推送，根据不同的分组和人群发送个性化的内容，让主动添加公众账号的用户都接受属于自己想要的内容，与被强制推送短信、邮箱广告形成鲜明的心理对比。依托腾讯这一强大平台，微信可以通过QQ来分析用户的性别、年龄、职业、偏好等，这些大数据分析有助于微信更精准地进行用户分类，实现信息精准推送。精准的信息推送加上 100% 的信息到达率，使微信成为社会化媒体营销界的新宠。

2. 关系营销

关系营销是社会化媒体营销的最大保证。在社会化媒体时代，营销是"强关系"的过程，它建立在人际关系的基础上，是一种人与人互动的能力。与他人互动的目的不在于发展客户，而在于建立关系，社会化媒体营销就是深化与客户关系的过程。营销的目的是以满足用户的需求为中心，要满足用户的需求就应该与用户建立长久的互信的关系，信任是社会化媒体营销的前提，没有信任就没有关系。同时，信任还是购买的主要驱动力，只有当用户信任企业能给他们带来个性化满足的时候，社会化媒体营销才可能有效。信任关系是需要互动维护的，社会化媒体提供了一个渠道，使企业有机会和用户进行沟通及交流，只有不断地互动才能了解用户日新月异的消费需求。建立信任需要时间，而维护关系更需要时间，这也正说明了社会化媒体营销不是立竿见影、一蹴而就的，而是需要长期坚持、不懈努力的。与关系营销相对应的一个概念是交易营销，交易营销是指以完成与文化产品消费者的交换为目的的营销活动，实现与目标市场的交易被认为是传统市场营销理论的核心所在。交易营销专注的是交易，而不是顾客服务。

关系营销是一个循序渐进的过程，在实际操作过程中可以总结为三个重要的阶段：积累牵引力、推进阶段以及扩张阶段。社会化媒体要积累牵引力就要靠企业不断地与用户真诚的互动，只有当有了足够的牵引力时企业才可以把重点从寻找新的网络关系转移到加强现有的网络关系上来。当然，企业维护与用户之间的关系不能依靠单一的社会化媒体平台，而应以立体化的方式扩张自己的关系网。关系营销是以时间成本为基础的，企业要建立并维护一段关系就不能吝啬自己的时间成本。关系营销给企业带来的不一定是直观的营业额的增长，但企业一定会得到一批忠实的品牌口碑维护者。

为消费者提供附加价值有利于消费者参与互动，持续地使用消费者喜欢的方式互动和经常性地提供附加价值有利于互信机制的建立。当消费者将企业看作一个可靠的信息来源，看作一个信任代理，企业与消费者之间的强关系也就确立了。强化企业与消费者之间的关系，让消费者为企业布道，企业就塑造了未来的优势。因此，在关系营销的大环境下，社会化媒体营销不只是达到目的的手段，其本身就是目的。

3. 口碑营销

口碑营销是社会化媒体营销的最大特点。很多人认为社会化媒体营销只是多了一个公关渠道去发布企业或机构的产品和服务信息，而事实是，社会化媒体就像一个虚拟的营销部门，可以做品牌塑造、产品促销、公关发布、活动直播、客户服务、电子商贸等。它的关键是实时跟粉丝互动；它的真正功能是要在社会化媒体建立一个鲜活的品牌；它的真正目标是让文化企业或机构能通过跟粉丝拉近关系，从而让粉丝成为企业的口碑传播者。

与传统口碑营销相比，社会化媒体平台的口碑营销传播速度更快、传播范围更广、传播效果更佳。文化企业利用社会化媒体进行口碑营销，具有宣传费用低、可信度高、针对性强、具有团体性、提升企业形象、发掘潜在消费者成功率高、影响消费者决策、缔结品牌忠诚度、更具亲和力和避开对手锋芒等优势。

口碑最重要的一个特征就是可信度高，因为在一般情况下，口碑都发送在朋友、亲戚、同事、同学等关系较为亲密的群体之间。在口碑传播之前，他们已经建立了一种长期稳定的关系，而这个亲密关系群体在社会化媒体平台得到扩展，很多现实生活中的陌生人成了社会化媒体平台中"最熟悉的陌生人"，口碑传播的范围得到极大扩展。现在，信息已经做到了全球实时传递，只是现在的信息与意见传播相较过去而言，最大的区别在于它们的接收者更加关注将信息与意见发给他们的人。中间商、权威人士和发言人已经无法像过去那样垄断品牌或企业信息发布与传播的权力，普通用户和消费者掌握了越来越多的话语权，可以随时随地自由发表自己的意见或评论，这也促进了口碑传播的发生。

同时，社会化媒体给文化企业提供了一个良好的平台去发掘那些潜在的口碑传播者，他们是主流消费者，热情洋溢，且为你的产品和服务能改善他们的生活而兴奋；他们是新闻搜寻者，信任你、宽容你，且是你的回头客。企业找到这些潜在口碑传播者，与他们进行一对一沟通，从而促进这些潜在口碑传播者转变为现实口碑传播者，这与危机公关一样重要。

社会化媒体营销分为基础营销和高级营销两种形式。基础营销即基本的社会化媒体营销维护，如某文化传播公司在新浪微博上注册了一个账号进行微博营销，在这个账号开始运营以后，精心编辑的每一条微博、每一条回复与互动都是为了让这个微博账号给公司带来效益，达到营销目的。而高级营销则是指大规模的营销策划推广活动，线上与线下相结合，各类媒体相互打通，比如，某出版社即将推出一本畅销书的续集，出版社可以在报纸的读书板块宣传，可以通过人人网主页、微博认证账号进行线上宣传和有奖转发活动，可以在豆瓣读书发起讨论，还可以线下开展签名售书活动。

是基础营销还是高级营销？企业在进行营销决策前需要慎重考虑这个问题。对小企业来说，由于人力、精力的限制，可以选择基础营销，或是目标受众群体的媒体使用情况非常单一，也可以采用基础营销方式。而对大中型企业，其产品的丰富性和潜在客户的广泛分布性决定了高级营销是其更好的选择。社会化媒体营销必须要走向深度融合，不仅是社会化媒体之间的相互融合，更是社会化媒体与传统媒体的融合，因为社会化媒体不是传统媒体的替代品，而是对传统媒体的有力补充。通过高级营销，企业能将自己的产品和服务在更大范围内宣传，在最大限度上提高企业知名度，与消费者以及潜在消费者之间形成更好的沟通互动，拉近消费者之间的距离，有利于收集更多真实的反馈，让自己的产品或服务更契合消费者的精神需求。

当决定要进行社会化媒体营销时，企业面临的第二个重要问题即公司自己做还是外包。自己做可能缺乏社会化媒体营销的相关经验与技能，外包则会导致因为对企业文化不了解而与产品的文化精神相去甚远。对文化市场的社会化媒体营销，更好的选择应该是自己组建一个社会化媒体营销团队，如果没有相关的经验和技能，可以请专家进行专门的培训，因为营销技巧不是最重要的，重要的是文化内涵，一个了解公司文化的普通员工应该比一个营销公司的所谓专家更加值得被重用。

有些公司选择公司内部做社会化媒体营销，但是会要求实习生去制定或启动社会化媒体营销策略，因为他们认为实习生是公司里新生代最时髦的一批人，他们的生活与社会化媒体早已融合在一起。但是他们熟悉社会化媒体并不意味着他们熟悉社会化媒体营销。短期的实习生不了解公司的品牌，不了解公司的道德标准和经营理念。文化产品和服务具有复杂的精神含义，带给消费者更多的是精神层次的享受，需要了解消费者的精神需求和产品服务的精神内涵，实习生还远远做不到。更何况，实习生在公司工作的时间很短，也许营销活动还没结束就已离开。因此，这是企业在进行社会化媒体营销时需要避开的一个误区。

（二）社会化营销渠道

唐兴参照美国罗斯·邓恩（Ross Dunn）的细分方法，在《社会化媒体营销大趋势——策略与方法》一书中将社会化媒体分为八类：社会关系网络、视频分享网络、照片分享网络、合作词条网络、新闻共享网络、内容推选媒体、商务关系网络、社会化书签网络。

1. 社会关系网络

社会关系网络即人们通常说的社交网络，在国内主要有豆瓣、微博等，在国外主要有Facebook 等。社交网络营销可以有效降低企业的营销成本，实现目标用户的精准营销，利用人际关系更有利于口碑传播。社交网络营销的核心是关系营销，重点在于建立新关系，巩固老关系。而关系的建立需要一定时间，不能一蹴而就，因此，利用社交网络进行营销不能急功近利。

2. 视频分享网络

视频分享网络是指在完善的技术平台支持下，让互联网用户在线流畅地发布、浏览和分享视频作品。国内主要的视频网站有优酷、土豆、爱奇艺等，国外主要的视频网站有 YouTube 等。利用视频网站进行营销具有感染力强、形式内容多样、传播速度快、成本低廉等特点。时下非常流行的微电影营销也是视频营销的一种形式。

3. 照片分享网络

照片分享网络是指利用图片的上传、传播与分享进行营销，国外的照片分享网站主要有 SmugMug、Flickr、Picasa、Photobucket 等，而国内的照片分享网站有巴巴变、好看簿等。

4. 合作词条网络

国外主要的合作词条网络有 Wikipedia、Open Directory Project 等，国内主要的合作词条网络有百度百科、互动百科等。若百度百科上没有企业的词条，企业也可以按照百度百科的规划来书写自己的百科；若百度百科上对企业的介绍并不完善，企业也可以进行修改编辑。

5. 新闻共享网络

新闻共享网络一般是指通过简易信息聚合，也叫聚合内容（RSS）在线订阅，用户可以借此方便地订阅、收藏、分享自己关注的博客与新闻。读者可以通过 RSS 阅读器订阅博客的文章，把他所有感兴趣的内容从不同的网站上抓下来放在同一个界面下统一管理。其实这也是一种"定制营销"的体现，但是与传统的"定制营销"不同的是，这里的定制不再是营销人员为消费者定制，而是消费者自己为自己定制。国外的新闻共享网络主要有 Technorati、Google Reader、Bloglines 等。

6. 内容推选媒体

内容推选媒体类似于社交网站，用户可以在博客、新闻等文章下进行评论、回复和互动，而它的独特之处在于它没有职业网站编辑，编辑全部取决于用户。用户可以随意发表文章，然后由读者来判断该文章是否有用，若认为有用的读者越多，则该文章出现在首页的可能性越大。国外著名的内容推选类网站有 Digg、Reddit 等。

7. 商务关系网络

商务关系网络首推领英（Linkedin）。在 Linkedin，企业可以结交和维护一些与公司相关的商务上的关系，个人也可以利用其来找工作，公司还可以在网站建立自己的 ID，完善 profile，与招聘者、合作的商务人员保持联系。

演艺经纪公司可以在 Linkedin 上注册自己的 ID，并贴出自己可以提供的演艺类型或演员阵容等，若有公司或个人需要邀请演艺表演，则会有目的地到 Linkedin 寻找相关的演出服务机构。

8.社会化书签网络

社会化书签可以将网站随时加入自己的网络书签中，用多个关键词标示和整理，并可以与他人共享。国外著名的社会化书签网络有 Delicious 等，国内有百度搜索、QQ 书签、易游等。

企业或机构，或是个人都可以把企业的网站、公司的新闻报道页面等，用相关的关键词来进行标注，并利用社会化书签进行推广，可以收到意料之外的效果。

（三）社会化营销的安全策略

社会化媒体在带来便利的同时，也不可避免地会带来威胁。企业在选择社会化媒体进行营销之前，必须要做的一点就是评估社会化媒体的安全性，这是实施战略性的社会化媒体安全措施的第一步。评估社会化媒体安全，即定义目前已经确定的社会化媒体战略和工具以及使用情况，并确定所使用的社会化媒体安全措施，评估整个环境并确定漏洞所在。无论是人力资源、资源和资产的利用，还是财务、运营和声誉管理等，在对社会化媒体的安全战略分析中，这些方面都非常重要，而每一个方面都需要通过评估当前环境和度量当前状态来进行分析。

社会化媒体平台中遇到的威胁和传统 IT 遇到的威胁大为不同，传统 IT 可能遭遇的威胁包括黑客、病毒、恶意软件、企业间间谍活动等，而社会化媒体平台遭遇的威胁更多的则是来自心怀不满的员工、客户和竞争者。

1.人力资源威胁

人力资源威胁分为三个方面：违反政策、解雇和个人使用。

违反政策：员工可能违反社会化媒体或者社会化媒体安全策略，但这是建立在公司实际上已经拥有与限制手段相关的策略的基础上。违反政策是一种内部威胁。

解雇：人力资源必须开发和传达解雇政策，应对心怀不满的前雇员造成的潜在威胁，作为公司对违反这类政策的特殊响应。

个人使用：员工个人使用社会化媒体，在张贴不恰当照片或者有关公司的机密信息时，有可能影响公司的信誉。

2.资源利用威胁

资源利用的威胁主要集中在可能因为社会化媒体而处于危险中的资产上，包括技术、知识产权和版权三个方面。

技术：技术威胁很容易识别，包括从恶意软件到特洛伊木马、仿冒网站和网络骗局的所有攻击技术。

知识产权：对知识产权的威胁可能来自员工、供应商或者竞争者。员工可能无意地通过社会化媒体渠道泄露了知识产权。供应商可能有权通过企业协作应用访问知识产权。竞争者可能在社会化媒体渠道中收集不应该泄露的知识产权，或者可能使用社会化媒体渠道分发有关你的公司的知识产权，甚至植入虚假的知识产权破坏公司的名誉。

版权：版权的威胁更加广泛，大部分攻击一般是无意的，破坏力很小。人们可能在未经你特许的情况下使用你的标志和其他公开可用信息，他们还可能为了自己的目的对其进行"重新混色"或修改。大多数情况下，这些非法使用很难发现，但是有时候会快速传播和广泛分享，大部分版权攻击都发生在公司外部。

3. 财务威胁

财务威胁主要发生在四个方面：财务损失、资源成本、恢复时间和机会损失。这些威胁会通过恶意盗窃、安全补救措施的资源成本、资源低效使用或者分散公司注意力导致的机会损失等形式，造成财务上的损失。

财务损失：社会化媒体可能被攻击者利用，通过冒用和访问员工账户获得直接的经济利益。这种财务损失可能全是因为员工的疏忽导致的。

资源成本：为了对社会化媒体攻击做出反应，可能需要购买新的系统、监控工具和其他仪表盘及实用工具。工具是必要的，但是培训员工也极其有用，能减少技术控制的需求。

恢复时间：花费在从数据泄露中恢复的时间可能极其昂贵。

机会损失：响应社会化媒体威胁很容易分散公司 IT 或者 HR 人员的注意力，使其无法从事生产率更高的活动。

4. 运营威胁

运营威胁通常直接影响 IT 的运作、市场沟通以及 HR 部门，日常活动可能受到干扰。

停工：若企业依靠许多社会化媒体出口，则任何可能使市场活动下线的威胁都会影响企业的运作。

数据丢失：侵入社会化网络的账户非常容易，被攻击者接管的企业账户可能包含有关客户的机密数据和销售清单。

5. 声誉威胁

声誉是购买产品或消费服务的关键驱动力，如果企业的声誉被破坏，不好的口碑传播就会影响消费者对企业的信任，哪怕企业提供的产品或服务是最高档的，最能给人们带来精神享受，最能给人激励启发的，消费者都不会再去消费。声誉威胁比较分散，但是危险性较大。社会化媒体消息传播速度之快、范围之广，令人难以想象。企业负面消息经社会化媒体传播后，企业品牌价值将受到前所未有的打击和下降。

竞争不利：攻击者非常容易发起对品牌的匿名攻击。他们可以隐藏在某处，散布诽谤式评论，发送有关公司的虚假信息。社会化媒体出现之前，这种现象很可能是竞争对手发起的，但是在社会化媒体平台，这些不太可能是竞争者所为，因为社会化媒体是一个透明的平台，总有人会发现这些消息的来源，若被人发现是竞争对手所为，那这个竞争对手将名誉扫地。

不满的客户和员工：心存不满的客户和员工可能会撰写和张贴有关令人失望的产品及服务体验的博客、微博或其他社会化网络帖子。

激进分子攻击：消费者集团或者基金组织可能对你的社会化媒体资产发动攻击。

虚假信息：客户和客户提倡组织可能张贴有关产品或服务、来源和用途的错误信息，这种误传会导致错误的认知，可能严重地影响产品或服务在市场上的竞争力。

管理危机：没有结构化的方法，社会化媒体很容易失去控制。

6. 解决方案

社会化媒体安全策略面对两类员工：社区管理员和其他员工。社区管理员，即在日常工作中通过聆听客户或潜在客户的意见并与之交谈的员工；其他员工，即对社会化媒体的使用是基于个人目的或者特定专业目标的员工，当然也包括在工作中不允许使用社会化媒体的情况下仍然参与社会化媒体的员工。因此，人力资源和社会保障部门必须对这两类员工进行社会化媒体安全策略的专业培训，以期他们在日常的社会化媒体使用中避免任何安全和威胁。

加强资源利用方面的战略与协作，首先，要确定通过社会化媒体引导业务的最佳合作方法，因为传统的通信方式对 IT 部门来说非常熟悉，而社会化媒体在必要的安全工具方面尚未成熟。新的合作方式包括共享在线工作空间，如内部 Wiki 页面或者讨论项目所用的共享论坛。必须利用现有 IT 安全工具加密所有内部社会化媒体平台的通信。其次，要利用技术的清点、能力和策略映射三方面来支持最佳实践的需求。再次，要通过监控、培训、拦截和报告预防数据丢失，尤其是知识产权。最后，对员工进行有关社会化媒体版权限制的教育，可以有效避免发生侵权诉讼。

加强财务方面的社会化媒体安全战略和协作，要对实施控制的成本进行监控，该成本包括：安装社会化媒体工具的成本、员工培训的成本、社会化媒体监控和报告工具成本、培训成本、持续维护成本、工时成本、内容制作成本和法律成本。一旦确定了实施控制的成本，接下来就要根据社会化媒体活动估计所面临的威胁造成的损失，并找出应对威胁的对策。对威胁造成的损失，可以根据出于风险中的资产、可能发生的事故、可能性、严重性、估计风险、每年发生率、每次事故的直接损失和年度总损失列出表格进行分析；对对策成本，可以根据对策、每个对策的预付成本、每个对策的维护成本、采用的可能性、采用的后果性和年度成本来进行分析。

运营管理战略提供了关联人们在社会化媒体圈中的日常活动信息的一种途径。通过集中化工具（如 Radian6、Social Mention）编辑来自所有部门的信息，来管理来自社会化媒体渠道的威胁并做出反应，限制对公司的破坏，并减少风险。同时，还需要关注负责各种操作的人，明确他们的角色和职责；关注需要管理的资产，定期备份，加强内部和外部应用程序的安全性，并联合 IT 部门、市场及法律部门一起检查对知识产权的潜在侵犯；关注管理运营和通信所必需的培训，通过 Web 研讨会、PPT 演示、策略、现场培训等方式对员工和第三方开展信息安全培训；关注网络管理，严格控制对信息和实际社会化媒体网站及工具的访问，最好记录下对这些网站和工具的访问；关注访问控制，对应用系统的访问必须根据个人的角色和职责，以及底层业务应用需求；关注符合性管理，IT 无法独自负责确保系统符合所有认证标准，因此法律和人力资源和社会保障部必须与 IT 部门一起确保合适的控制措施就绪，以符合所有影响公司的规章法规；最后还要关注安全测试过程，对大多数文化企业来说，开发用于社会化媒体的内部应用不是首选方案，因为使用免费应用容易得多，在这种情况下，则要聚焦于确保托管该应用的系统能免受攻击。

一旦实施社会化媒体策略并部署了控制措施，就必须有一致性的审核来审核员工社会化媒体使用的工具、实际业务流程能力的工具以及社会化媒体的业务流程。

社会化媒体营销与传统营销方式的一个显著区别在于，传统营销方式靠的无形资产是企业形象，而社会化媒体营销靠的无形资产是企业声誉。因此，声誉管理对社会化媒体安全维护非常重要。关于声誉管理，企业必须主动。成功的在线声誉管理需要不断监控有关公司的活动，以及掌握应对公司危机的技巧。

追究声誉风险的源头，一般都是消费者对有缺陷的产品、糟糕的服务或者恶劣的客户服务产生不满，而这些问题完全可以得到控制或避免，即在危机发生之前便将其解决，这是事故管理的第一阶段。事故管理的第二阶段即危机发生时，这部分危机的解决需要通过培训、授权和监控员工，当场确认和解决问题，立即解决问题能将负面的体验转化为正面体验。事故管理的第三阶段即危机发生之后，这部分危机的解决需要企业或机构实施在线监控。

当社会化媒体上出现有关企业或机构的负面消息时，首先要判断这个消息是否属实。若属实，不能删帖，不能回避，要立即对问题做出反应，诚恳地承认公司意识到了这种情况，并会很快提供更多信息。同时，要保持有关情形的沟通，不要等待更多可用的信息，而是回应正在调查危机、解释调查的方法，在更多信息可用时立刻传达。对希望私下与公司交流其忧虑、意见、问题和建议的人，应该建立新的沟通渠道，让个人消费者合理的担心得到公司的注意、承认和问题的解决方案。在处理这些问题的同时还可以利用搜索引擎优化和社会化媒体优化将负面影响降到最低。若该负面消息不属实，则可以通过联络帖子的作者要求删帖或诉诸法律手段来解决。

第二节　社会化媒体营销的运用

一、微博在社会化媒体营销中的运用

（一）制订微博营销方案：为微博营销找到方向与目标

同传统的营销方式一样，微博营销必须在开展之前制订方案与计划。微博营销是企业营销的一部分，依赖于企业的整体营销战略而存在。因此，微博营销方案的制订应该保持这种一致性，以企业的整体营销目标为依据，满足微博营销需要的同时，也能促进企业整体目标的实现。

制订计划之前，企业首先需要进行大量的准备工作，其中最重要的是对开展营销活动的目标人群有所认识并进行主动选择，这是营销的基本常识。通过微博对目标客户和潜在消费者进行认定是一门学问，微博与传统媒体相比最大的好处是，企业能通过它直接、清楚地看到消费者的所思所想，看到消费者不同于目的性较强的传统商业调研背后自然的活动状态。传统市场调研中，消费者可能表现得与日常行为不一致，心理学认为这是人们在复杂情景当中的一种自然趋向性反应，消费者在心理上会出现一种"为了完成调查问卷而填写调查问卷"的情况，因此，相比普通问卷调查的数据，微博更能真实地反映消费者的相关状况。事实上，微博用户都有体会，如果长期观察一个人的微博发言，很容易确定他的知识范围、喜好甚至个性、社会地位等信息，这对营销者来说，都是研究消费者行为、获取潜在消费者信息的机会。

每个用户的发言千差万别，使用微博的习惯也各不相同，企业进行微博营销如果要做到精准的定位和信息投放，仅仅对微博用户进行这种年龄范围的粗放定位和划分是远远不够的，微博提供给我们直观可参考的信息也远远不止这些。如何从几百万上千万的用户中去定位企业的目标客户，有几个指标需要着重考虑：关注数、粉丝数和微博数。

（二）微博营销的内容策略

在与一些企业进行交流的时候，被问得最多的问题就是微博应该写些什么内容。这个问题并不能用简单的一两句话来回答。新浪的草根微博中，排在前10名的微博中有超过一半是靠内容取胜，这在一定程度上体现出微博运营中内容的一些原则。

1. 运用内容策略的原则

（1）趣味性

为什么草根微博中排在前10位的大多是搞笑的内容？因为用户喜欢看有趣的内容放松自己。企业在进行微博营销时，要把内容做得有趣，这是最基本的原则。当然，这里所讲的趣味性，并不单单指发一些笑话之类的内容，而是要为用户创造一些有价值、有意思、有创意的内容。一旦企业微博中的内容趣味性强，自然能受到用户的喜爱和追捧。

趣味性强的微博，更容易吸引广大用户的关注。趣味性并不单单指好玩，而是能让用户在阅读的过程中学到知识、感受到快乐。只有用户通过企业的微博感受到快乐，他们才会长期关注这一微博。

增加微博的趣味性能在很大程度上让更多的用户参与进来，这一点对企业品牌的推广和宣传有重要作用，也是微博营销中最为基础的环节。即使这一点无法长时间保持，也要尽最大努力写好前几条微博。

（2）实用性

现代人做任何事情最基本的原则就是实用性。在进行微博营销时，所写的内容要对用户有一定的帮助。对普通用户来说，对自己有帮助的信息会更加关注。比如，关于育儿或健康的微博内容，用户一般会转发或评论。

这些实用的微博之所以能得到用户的关注，是因为它们为用户提供了一些切实可用的知识，这些知识和技巧能运用到他们的生活中。比如：在夏天的时候发一条夏日美白的10个技巧，用户会感到很新鲜；在冬天的时候发一条防止冻伤的8个须注意事项，用户同样会觉得有用。只有用户感觉有价值的微博内容，才会集中进行转发或评论。

（3）相关性

发布微博可以看成是与用户的交谈，但并不是毫无目的的交谈。微博的内容要考虑到与自己的品牌、产品、行业属性等各方面内容的相关性。如果不具备相关性，再幽默、再好玩的微博也很难让用户关注到企业。

在发布微博的时候，要注意考虑用户的需求，找到自己要传达的信息与用户兴趣点的交集，保证发布内容的相关性，这样才能达到营销效果。在这个信息爆炸的时代，只要打开网络，铺天盖地的信息就会扑面而来，用户会感觉像在大海中游泳一般，面对泛滥的信息，他们在选择上更加困难。

因此，企业在进行微博营销的时候，要注重内容与自身企业的相关性，每一条微博都要和自己的企业有关系，不能泛泛而谈。

（4）多元化

每个用户都有自己的爱好，有的用户喜欢看视频，有的喜欢看文字，有的则喜欢看图片。所以，企业在做微博内容的时候要从多个角度考虑，尽可能多地为用户提供内容格式的多样化。在发布的微博中，能拍成视频的就拍成视频，能做成图片的就做成图片。这样，当用户看到企业的微博上既有图片，又有视频，还有实用的文字时，他们自然会愿意成为这个微博的粉丝。

对一些企业来说，如果他们在某一方面有天然的优势，就完全可以通过图片来吸引用户。比如，旅游类企业可以在微博上发布景点的照片，服装类企业可以在微博上发布漂亮的衣服，汽车类企业可以在微博上发布汽车的图片。要知道，漂亮的图片比优美的文字更能打动用户，更能吸引他们的目光。

（5）有序性

想让微博变得有序，就要从细节做起。很多容易被人忽略的地方如果做好了，就能为企业带来巨大的方便和关注度。比如，大多数人对微博的标签并不是很满意。可是，在很多情况下，一条微博往往不能说明一件事情，如果不用标签把微博内容串联起来，用户得到的信息就不完整。而且，用户在搜索微博的时候，可能会因为标签而发现企业的微博。让企业的内容变得有序，能在很大程度上吸引更多的用户。

以上五点是微博内容的五个原则，是判断和评估微博内容的依据。当企业在发布微博时，要注意遵守上述五个原则，这样才能得到更多用户的关注。

对微博营销而言，方式固然重要，内容却是基础。如果一心想着靠形式吸引用户转发和评论，就很难把营销活动做出效果。因此，任何形式和手段都必须有优质内容作为依托。

2. 应涉及的内容

根据具体发布内容的不同，下面将企业微博发布的信息总结为以下四种。

（1）企业的产品信息

企业的产品信息用户需要吗？答案是肯定的。用户在购买某项产品之前，对该产品自然希望能有更详尽的了解。现在人们逐渐习惯了通过网络了解更多的产品信息，相对于其他渠道，用户也更倾向于可信任的官方信息——企业微博就提供了这样一个良好的平台。

当然，单纯的产品信息介绍有生硬和打广告的嫌疑，企业在发布的时候要注意言辞和时机，可以适当结合其他类型的信息。当需要表达有关产品或商业的元素时，要融合趣味性、知识性或者启发性。

（2）企业对外发布的企业相关新闻

企业通常会有一些重要信息需要传递给大众，这些消息包括企业的日常经营事务、涉及大众利益的公共事务，甚至企业内部领导层的变动等。大型企业一般有自己的新闻发言人，通过媒体发布企业的权威消息。然而小企业难以做到这一点。及时发布那些并非机密的企业内部信息，有助于用户加深对企业的认识，从而使企业更容易得到用户的信任。国家机关最近也掀起了注册微博的热潮，将微博作为信息公开和交流的平台——企业微博此方面内容发布的作用和效果与之相似。

在重要信息的发布上，良好的运作可以给企业带来一种可以信任和权威的形象。这也是培养用户对企业微博建立信任的重要组成部分。

企业在公开相关信息时应注意词句的选用。对重要的信息，要注意表现出正式和权威，防止出现歧义，但是在之后的沟通中要尽量友善和真诚，尤其是出现突发危机、微博上大量流传关于企业的负面新闻时，企业所发布的信息要避免"高高在上"、一味地为自己辩解，内容要展现企业的责任感，以用户的利益为重，言辞要尽量谦逊，并且可适当交由第三方信用机构解释和评定。

（3）企业行业有关的信息

在企业进行微博营销的时候，最应防止出现的情况是把自己的微博界面变成一个企业的广告栏。只有发布多元化的信息，才能使企业的微博对更广泛的人群有吸引力。通过发布一些与企业有关的行业信息，可以使用户把企业的微博作为一个更广泛的信息获取渠道，如 IT 产品企业可以在微博上介绍业界的最新科技发展成果，房产企业可以在微博上及时发布国家关于房地产业的政策变动，服装企业可以介绍最新的时尚流行资讯等。当然，对此类信息的发布要控制在一定的比例内，发布过多会使企业微博失去本来的重心，反而影响微博进行营销活动的定位。

（4）与企业相关的娱乐信息

在全民娱乐的时代，微博也不可避免地成为这种势头进一步发展的推手。无论是从传播度来说，还是从关注度来说，此类信息在微博上都具有绝对的领先地位。从娱乐明星到发布"冷笑话"和各种趣闻的草根微博，占据了用户大部分的关注点。此时，恰当地利用娱乐信息，可以使企业微博的知名度得到跨越式提升，也对企业微博营销有极大的帮助。

（三）微博营销的互动策略

在明确了开通微博的目的，知道了内容如何规划之后，接下来就是进行具体的营销执行了。微博营销的核心点就是最大限度地互动。

要知道，微博不同于企业的官方网站，不是建立后就一劳永逸的。一家公司的官方网站就像公司自己的小花园一样，通过精心设计来吸引用户的访问。微博却不是这样，它更像一个没有围墙的花园，用户可以足不出户就感受到你花园里的美景。如果你做得足够吸引人，他们会愿意关注你，并接收来自你的信息。

在这个过程中，内容的设计是基础，达成沟通的核心是互动。

1. 开展活动

很多时候，仅仅依靠企业单纯的单向信息传递很难引起用户的兴趣。为了吸引更多的眼球、获取更大的关注，企业在进行微博营销时考虑开展一些趣味性的有奖活动，这是一种现今被广泛使用的方法。活动主要是通过奖品效应和明星效应激发用户的主动性，达到企业期望的信息传播目的。

使用奖品吸引关注的具体操作方法一般是企业首先在微博上公布活动的参与办法和抽奖模式。企业与明星合作在微博平台上开展活动也是微博营销常见的方式。明星的高关注度可以使企业的营销信息得到广泛的传播和关注，而且从我国微博现在的发展情况来看，整个微博关注度排行榜上，明星占据了排名靠前的半壁江山，时尚类产品的推广与明星合作获得好效果的例子也较多。

2. 关注他人

在规划微博定位和设计内容的时候，微博的运营者就要明白自己想要吸引哪种类型的用户，接下来就要通过互动来找到这些用户并找到与他们进行沟通的方式。

如果单纯地在微博上发布内容，就相当于在自己家的花园中孤芳自赏，别人自然不会关注你。想要别人关注你，首先就要去主动关注别人。

可见，在进行微博互动的时候，先要主动去关注别人，这样才能吸引更多的人来关注你。当关注你的人达到一定数量的时候，你用微博进行营销，成功的概率就会大大提升。

3. 及时回复

当用户需要你的时候，你要成为一顶降落伞，哪里需要就在哪里降落。如果你忽略或怠慢了用户，他们就可能再也不需要你了。微博的碎片化特征决定了信息的时效性，对这些时效性强的信息需要高度关注，以便即时与用户进行互动。

试想，对于一家承诺着客户服务品牌的微博，用户发出问题信息后，这家公司出于慎重，层层上报，开会讨论，研究方案，十几天才做出回复，这个时候用户早已经因为得不到回复离你而去了。

最好的方式就是用户反映了问题之后，企业在第一时间就对他们做出回复。这需要微博运营者随时关注并解决客户提出的问题，反应速度要快，回复要及时。当企业能做到及时回复用户的每个问题时，自然能得到用户的信赖。

这样，用户的忠诚度不但会增加，他们还会转介绍更多的用户关注这家企业，这等于为企业打了一次免费广告，从而会得到更多的用户。这样良性循环下去，积累的优质用户会越来越多，企业从中获得的价值也会越来越大。

4. 注重发布时机

在使用微博进行营销的时候，发布微博的时机也特别重要。在这里需要特别强调一点，就是要善于利用非工作时间，因为用户并不是只有工作时间才使用微博，更多的用户工作繁忙，工作时间无暇上微博，只会在工作之外的时间登录微博。

对大多数用户来说，登录微博的时间通常是在下班的路上、吃饭前的空闲时间，周末在家休息的时候等。这个时候的用户大多悠闲，比较容易接触。

在这个时候，微博运营者就要抓住用户的兴趣点，想办法吸引用户的目光，并让他们参与到互动中来。这样既帮他们打发了时间，又能增进彼此的感情，最重要的是还能收获用户对品牌的好感。

微博的发布时间在微博营销中占有十分重要的地位。当然，这一切的前提是有了完整的营销内容之后。当你设计好了内容，并且这些内容足以吸引用户的目光，接下来就是选择发布时间的问题了。如果你能选择好发布时间，会受到用户井喷式的访问。这对推广和宣传公司的品牌大有裨益。

5. 调查与反馈

互动并不仅指企业利用奖品和明星来吸引消费者的注意力，提高其评论、转发的积极性。互动也可以是企业利用其品牌影响力来带动忠实拥护者对某个主题的积极参与，从而引发更广泛的讨论；也可以是企业就某个问题同用户进行深入的访谈和讨论；也可以是企业对某个问题向广大的微博用户征集意见和方案。通常，知名企业注册的微博一般都会引来其忠实爱好者的关注，他们是企业进行微博营销信息传递的强大助力。企业可以利用这种优势，开展一些与品牌有关的开发、设计、销售等活动，让粉丝们真正投入企业的微博营销中，让其感受到一种品牌归属感和参与感。

当然，这里所指的企业开展调查并不一定出于获得某种信息的需要，更可以把它看作同用户进行沟通的一次机遇。平常这样的机会很少，企业就要主动在微博上创造这种机遇，以期同更多潜在的消费者"邂逅"。

企业在微博上进行营销并不是一定要说自己的产品。企业可以适当改变自己对普通微博用户的定位，把他们从顾客、潜在顾客变为自己的朋友，而朋友之间的话题并没有一定的局限，可以涉及任何内容，只要有利于促进与顾客的关系。当然，话题也要合理一些，要避免给人"没话找话说"的感觉。

"投票"是微博的一个很重要的功能，由于用户基数庞大，通过投票，用户通常可以获得各个领域的广泛信息。但是投票有几个注意事项：第一，要有话题性，投票的内容要贴近用户的生活，让用户有主动抒发意见的基础；第二，要有一些趣味性，过于死板和专业的话题通常很少会有人关注，获得的信息反馈效果也就很差。投票可以就企业想了解的某个问题设置，也可以就企业或者行业自身存在的问题向用户征询意见。

问题问完了，投票也投过了，企业是否就完成互动了呢？答案显然是否定的。互动并不是一个简单的两回合制，双方一人"过一招"就结束了。企业要始终将微博作为一个持续交流的平台，这种互动是你来我往的一个良性循环机制。对从调查和投票中获得的信息，做出正确和恰当的回应是互动策略中十分重要的一个环节。

二、微信在社会化媒体营销中的运用

（一）微信的属性与特征

微信的多样化、传播精准、成本低等，使它具备了传统营销不具备的特点和优势。例如，使用更便捷、可随时随地传送和查看朋友圈消息。它不仅是一种"社会化的及时沟通工具"，更有社会化"自媒体"的属性。说它自媒体，因为它具备了媒体由信息源向一定数量受众传送信息的特性。说它是社会化，一方面是因为它的内容可以由任何社会化的个人自由注册创建，另一方面是因为它的传播是基于"关注"和"被关注"的信任链，依赖人和人之间的朋友圈社交关系完成，而且传播精准、到达率几乎100%。

再小的个体，都有自己的品牌，在微信这个目前最活跃、最精准、最具有私密性的传播平台，每个人都是主角，主要体现在以下五个方面。

（1）因为微信的方便易用，每个人都可以成为信息发布者。

（2）因为微信巨大的转发率，每个人都可以成为自媒体的传播者、发布者，可以经营自己的品牌。

（3）微信上的每个人，都代表着生活中最真实的自我。

（4）因为信息转发率高、传播精准、受众人群大，微信上的信息传播具有"病毒式"

营销的特点。

（5）从本质上说，微信满足了每个人朋友圈的生活、交往、沟通等最基本需求。

（二）微信营销的概念

微信营销是企业用微信与用户建立连接，通过不断的信息互动和服务来获得品牌影响力和提升业绩的营销行为。传统的营销都建立在不同的平台对客户进行营销，成本很高，并且还需要不断地重复才有效果。而微信营销，是基于微信公众号系统，不仅是 CRM 系统，更是一个移动服务平台。

在追求微信营销的路上，很多企业一直在模仿却从未有超越，因为他们常常只是抓住了工具却忽略了工具两端，即企业与用户。那么，当企业决定做微信营销时，需要考虑很多问题，如果想清楚了，无论企业接下来做还是不做，企业都成功了一半，否则只会是形同虚设。

（三）微信营销前须明确的五个问题和三个因素

微信的用户基数庞大，微信成为商家纷纷看好的营销平台。在这个平台里，企业和商家都能找到适合自己的客户人群。然而，如何找到这些用户，如何进行微信营销，这是每个微信运营者首先要思考的核心问题。

1.五个问题

一个企业如果要进行微信营销，要利用微信这个平台赚钱，那么就必须了解下面五个问题，只有明确了这五个问题的答案才是做好微信营销的关键。

（1）企业的微信中有多少目标用户？

（2）怎样去挖掘这些目标用户？

（3）企业的微信能给目标用户提供什么样的价值？

（4）企业怎么通过微信营销让目标用户带给企业效益？

（5）微信营销需要付出的和与付出相对应的收益之间的比例是多少？

2.三个因素

（1）从用户和目标用户去考虑

微信在短时间内迅速增长了数亿的用户，虽然数量庞大，但这些微信用户人群有多少是企业的用户或目标用户呢？作为中小企业不可能像大企业那样有大量的资金去大海捞针式地寻找目标用户，这样只会浪费大量的人力、物力、财力，而且也不能达到预期的效果，必须通过精准的方式寻找自己的目标用户及粉丝。

（2）企业的微信能给用户带来的价值

假如企业非常适合开展微信营销，但是怎样才能让微信中的目标用户关注这个企业呢？这个企业能给他们提供哪些有价值的信息呢？不会有用户因为无聊而去关注企业的一个商业性的微信号，唯一的可能性就是这个企业能给他们提供所需的信息或服务。

（3）判定是否适合微信营销

很多企业并不是不适合微信营销，而是采取的推广方法有问题。我们通常会发现一些公司在自己的官方网站的某个角落挂了自己的微信二维码（基本各行各业的网站都有），就认为自己做了微信推广。

要知道微信推广是一个系统化的过程，需要线上线下多种媒介手段来配合，没有推广，企业的目标客户不知道企业的微信；没有微网站，企业的客户进入的是对手机屏幕来说毫无重点且拥挤不堪的桌面系统网站，怎么可能信任企业并为企业产生利润呢？

一个企业要发现微信营销的长处，厘清自己的营销思路是最基本、最关键的所在。微信营销是一个新事物、新方式，需要好好利用，别人成功了并不代表这个企业也必然成功，一定不要忘记先磨刀，有了确定的方向再前行，否则有可能越努力离目标越远。相信考虑好这五个问题和三个因素后再进行微信营销一定比盲目入驻后手足无措要好得多。

但是，实际情况是很多中小企业甚至个人都没有去认真地思考过以上问题和因素，就盲目地做微信营销，却没有多大的效果。

那么，对很多还不了解微信营销的企业来说，他们必须更好地运用微信，打造企业自身的微信营销平台。

（四）微信营销推广的原则

微信推广，实质上是一种新兴的网络推广。也就是说，如果要做好微信的推广，除了借助微信的庞大用户基数，还要有一支技术过硬的网络营销团队，最好具有 BBS、微博等媒体的成功推广经验。在具有这两个必要的前提下，微信推广还要遵循以下三个原则才算"脚踏实地"。

1.实用性

实用性，简单地说就是微信用户用得着的内容，不是无关的废话，不是漫无边际的行业信息。微信推广主要是从以下两方面强化内容的实用性：第一，针对未购买的准客户；第二，针对已经购买的老客户。

就未购买的准客户而言，选购商品还是一件"大事"，无论获取信息的渠道增加了多少，消费者还是想听到来自权威商家的准确的、客观的选购建议。基于此，在结合品牌自身定位的前提下，提出与之对应顾客群需求的选购指导、应季的产品系列，让准顾客感受到品牌的诚意，这就实现了售前的最佳引导。

对已经购买的老客户，比如购买的是高档皮具，如何使用、如何保养就显得特别重要（道理类同于车主对"爱车"的保养），那么各种保养常识的普及与提示会员定期到店保养就是准确且实用的方法。

2. 趣味性

想用发布的信息吸引人，首先就要了解这些人。比如珠宝产品，不用分析我们也知道，购买并关注珠宝最多的是女性。血型、星座、属相，这些都是大部分女生喜欢谈论的话题，顺应女性的"八卦"心理，让她们加入企业的圈子，让她们订阅企业的信息，那么品牌自然就与受众们"趣味相投"了。

3. 便利性

微信用户关注企业，仅仅是为了获得企业的产品方面的信息吗？何不给粉丝提供其他便利、提供全方位的信息宝典呢？例如，技术方面做好微信导航也非常重要，方便新增粉丝对往期精彩内容进行回顾和浏览，使粉丝们能以最快的速度从企业的微信中寻找到自己最感兴趣的信息。

（五）企业微信运营的步骤

第一步：设置微信自定义菜单，显示更多内容

我们必须考虑提供服务的公开号码。企业可以为加盟商建立公共服务，为用户建立公共服务，因为服务人群不同，所以公共运营的要求数量不一样。

微信的高级功能，可以在底部有一个自定义菜单，可以设置三个大菜单，每个大菜单也可以设置 5 个下拉菜单，因此总共有 15 个菜单允许用户点击。如何安排这些菜单，与站点规划的想法差不多，设置得好，会使用户点击率更高。

第二步：设定公开名称，突出"品牌＋产业"

微信一旦命名便无法修改，就是微信的形象之一。例如，如果微信号是站点的域名，则微信的名称是站点的名称。因为这个名字会出现在每个微信中的文字标题下，很多人在看到名字后才明白，才决定是否注意。所以，公司可以直接告诉用户。

第三步：发布博人眼球的文件

标题是微型搜索路径的先驱，人们基本上第一眼看到的就是标题。简洁、准确、生动的标题使粉丝有强烈的阅读愿望，一般通过自然转发的粉丝是最原始的生态，也更容易成为忠实的粉丝。所以我们应该注意这种自然的繁荣方式。

第四步：设置自动回复

如果第二步和第三步是为了吸引别人的注意，那么从第四步开始就是增加粉丝黏性的一些技巧。设置自动回复时不要仅是一些"谢谢你的关注""你好""祝你生活幸福"这些没有营养的话，也不要用一大篇文章来告诉他们自己的业务有多么好。企业只要简单介绍自己的事情，告诉粉丝可以为他做什么事情，然后给他一份小礼物。

这里的礼物不是真的想给他的实物，而通常是虚拟一些美妙的图形等，让人们过一个小瘾，也表达了企业的诚意。

第五步：充实平台"功能介绍"

在关注之后，很多人都喜欢看到微信号在做什么。人们怎么知道微信号在做什么？最简单的方法是看屏幕右上角的肖像，看看"功能介绍"。在这里，最重要的是告诉访客，公司可以给他带来什么。这些信息是有形的，让他觉得企业可以给他带来想要的东西。

第六步：提示"点击蓝色字体关注"

这里的"蓝色字体"会出现在下面每篇文章的标题中，目的是直接向用户指出可以关注的内容。这个动作非常方便，所以抓住这个机会，在文字开始之前，用一个小小的指点引起用户的注意。一般的方法是文本提示，图片箭头指向提示和作者提示（作者的位置在左侧的蓝色字体，有些人会把作者的手指指向微信的名字）。

第七步：提示点击"阅读原文"

这是唯一的微型公共平台可以做的"内链"的地方，也就是在文章的左下角，可以插入一个链接。这个宝贵的链接不要浪费。"阅读原文"里面不能只包含原来的文字。通常的做法是推荐这个链接到文本，告诉别人点击这里查看什么或怎么购买，做搜索引擎优化（SEO）同样的内部链接。

第八步：提醒关注，提示分享

一般文章完成后会做一个页脚，页脚最重要的特点是提醒关注和提醒分享。必须承认有很多人不知道如何转发和分享，但非常渴望转发，公司不提醒可能会失去这些粉丝。因此，我们必须用视觉图形显示这些动作，人们会立即采取行动。

通常在这之前会有一小段煽动的话，让访客有更多的前进的渴望。

第九步：设置关键字回复

自动回复的关键字可以设置多个，这些关键字类似于网站的标签，这样会使人感觉到商业账号是有内容的。

微信的公开号码是"微站点"，但不需要面向搜索引擎，而是直接向用户发送，所以这些设置应该从用户的角度出发，内容质量会更高。

（六）微信营销的技巧

1. 根据企业的特点，突出微信服务

一个好的微信创意最重要的是突出品牌，强调服务、技术和意识。只有了解微信用户的目的和需求，才能确定用什么样的视觉和语言、什么样的服务和技术与用户沟通。为此，在微信主题设计中，应该站在用户的角度，注意用户需求与微观内容相关的选择，以及吸引人的微信主题，突出微信营销服务的特点，以打动用户，增加访问率。

2. 加强微信互动，注意用户体验

在沟通中想法的潜力很大，因为好的想法可以创造高访问率，特别是优秀的用户体验，可以驱动用户和用户信息传输，所以微信创意是通过与用户的交互开始的。个性化交互式可提高用户体验，大大缩小品牌与用户之间的距离，用户回复内容代表用户感兴趣的方向，这是罕见的资源。

3. 创造微观氛围，提升品牌的亲和力

企业不仅仅是向用户介绍产品和服务，而且还可以让用户以某种方式与企业进行情感交流。在充满情感的微信交流中，使用户体验到情感支持，产生心理情感共鸣，从而激发用户的内心渴望，引发用户对商品和服务的兴趣，实现"四两拨千斤"的效果。情感融入微创意，使微信充满亲密关怀，既新鲜又容易被接受，同时也增强了企业在用户心中的好印象。

4. 参与品牌活动的奖品，让微信有趣

用户对自己的兴趣和娱乐是微信创意的一个突破，在微信上发布一些品牌商业信息，强调活动对用户的好处，吸引用户参与活动。天猫商城微信为了抓住这一点，把红包作为网购用户参与活动的礼物，并根据用户的兴趣创造出一些新概念。用户有强烈的兴趣和欲望，参与回答，赢得红包。用户的关注力度大大增强，天猫购物中心的企业形象也得到了改善。

5. 微信结合微电影，提升企业品牌形象

使用企业视频进行企业形象塑造是一个常见的方式，直白地表达企业的目的往往导致观众的心理抵触，由于微电影丰富的表现形式，使企业的行为更具吸引力、亲和力和沟通力，可以发表在微信企业微电影中，将企业品牌形象融入微电影的情节中，其中包含更丰富的创意元素。

三、QQ 在社会化媒体营销中的运用

（一）QQ 营销的优势

不管我们的 QQ 是个人的、营销的还是企业的，我们 QQ 里面的 QQ 好友都是由朋友或者有同类需求的人组成的，于是这些人就形成了营销的"鱼塘"。然后利用 QQ 日志、QQ 相册、QQ 说说，QQ 营销的"三板斧"来宣传产品或者个人，可以形成互动，建立信任，最后促成成交。

这一 QQ 营销模式的优势是与其他营销模式完全不一样的，尤其在营销 QQ 上，我们可以通过各种推广方式来收集精准客户的信息，然后把客户的 QQ 加到我们营销的 QQ 上，让他们成为我们的 QQ 好友，也就形成了我们 QQ 营销的"鱼塘"。之后再利用 QQ 日志、QQ 相册、QQ 说说宣传产品或者我们自己，经历时间慢慢沉淀，利用 QQ 营销的"三板斧"营销这些客户，让他们每天都能看到我们产品的动态和成功案例。之后他们会每天关注我们的 QQ 空间，进而达到信任，最后达到营销的目的。让意向客户购买我们的产品或者服务，经过一段时间的积累，客户用后效果的反馈，反映产品确实不错，之后他们就会影响他们周围的朋友来购买，从而达到了两次、三次或多次成交，间接或直接地创造了价值，形成了利润，这就叫鱼塘效应。

（二）QQ 营销的特点

1. 成本低廉

QQ 营销在聊天的同时就起到了销售平台的作用，在销售的同时又起到了为客户服务的作用，QQ 营销的每一个环节不需要建立平台，从而节省了人力成本、固定资产投入、销售费用的投入等方面的费用。

2. 地域限制小

不论客户在哪里，QQ 营销都可以在任何地方建设终端。虽然 QQ 营销在消费者所处的位置没有实体营销点，但是营销者可以通过 QQ 联系到客户，利用物流产生交易。

3. 忠诚度高

因为 QQ 营销和客户直接保持着良好的互动关系以及为用户提供一对一的营销服务，这种营销方式在很大程度上提高了客户的忠诚度，使企业在面对突发事件时，QQ 就可以起到积极有效的作用。

4. 针对性强

QQ 营销是典型的按用户习性特点自然分群的，所以 QQ 营销可以用于精确定位。凭借自身的互动性强的特点，企业可以随时了解到客户的需求信息，进而建设客户需求数据库，为公司的营销决策提供科学的依据，并为客户在自由选择自己所喜欢的产品时，第一时间为其提供量身定做的精准服务。

5. 效率高

由于 QQ 营销具有精准性和持续性，促使它的转发率非常高，从而节省营销的时间和精力，提高工作效率，实现"小投入大营销"的最佳营销效果。

6. 可操作性强

操作 QQ 实现营销不需要扎实的专业化技能，只要会简单的操作就会成为 QQ 营销高手。

7. 互动性强

QQ 营销因为依赖于群，所以，信息发布后，可以紧接着与用户互动，收集用户对产品的建议，或者一步步引导用户了解产品，互动性强，同时可用于新商品的市场调研活动。

8. 反馈及时

QQ 总是有一批用户时时在线，企业广告发布出来后，用户可以立即看到，即时了解活动信息，这是搜索引擎营销、论坛营销基本上都达不到的效果。QQ 营销的即时效果可用于推广短期的活动。

9. 便于追踪效果

QQ 营销可以附带网页链接，如果在链接的登录页中加入用户行为跟踪程序，就可以精确计算出用户互动的最终效果。

10. 渠道、模式多样

QQ 营销除了可与链接结合，利用网页进行二次营销，还可以通过 QQ 群内的邮件营销、QQ 空间内论坛营销，并且营销的模式既可以是文字，也可以是图片。

（三）QQ 营销的途径

QQ 营销有四大途径，分别是 QQ 群、QQ 空间、QQ 邮箱和生活服务。QQ 营销中，如果销售人员能利用 QQ 自身的这四大功能，就能进行有效的营销。

1.QQ 群营销技巧

QQ 群是腾讯公司推出的多人聊天交流服务，群主在创建群以后，可以邀请朋友或者有共同兴趣爱好的人到一个群里面聊天。在群内除了聊天，腾讯还提供了群标签、群公告、群相册、共享文件、群视频等方式进行交流。

（1）他人的群营销技巧

企业如果想要进行 QQ 群营销，就必须多准备几个 QQ 号。对 QQ 营销者来说，养 QQ 号就像养博客一样，必须将 QQ 的级别提升上去，才能让营销效果变得更加显著。当企业决定了用 QQ 群营销或者交流，第一步就是加群，在这里介绍几种可以获得 QQ 群的途径：一是通过朋友或同事的介绍；二是在一些网站、论坛等媒介上寻找推荐群；三是直接在 QQ 上进行搜寻。

举例来说，如果企业是设计行业的，则可以在"群组"界面点击"查找群"按钮，然后输入群号码或关键词，点击"查找"按钮，就会出现相关行业的群。用户还可以根据"同城"或"热门"等条件进行筛选。

企业最好根据活跃度来选择要加入的群，因为很多人数多的群往往发言的人很少，有时可能几天都没有人发言，而活跃度高的群，其发言率一定很高，且人数也不会很少，十分便于企业进行推广。

如何在群内进行互动沟通是 QQ 群营销的关键环节，下面重点介绍一下进群后的推广技巧与注意事项。

①报到与群名片设置：在群主批准入群后，企业首先要报到，介绍一下自己的姓名、业务、联系方式等。此外，企业还可以根据群成员名片的风格，设置一下自己的群名片，尽可能在群名片中把自己的姓名、业务、联系方式、公司介绍等填写准确。

②群内容初步了解：企业进群后除了设置群名片，还可以看一下群之前的聊天记录、共享文件、群活动，这样对群会有一个比较初步的了解。对商家来说，进群很重要的一步是获取一些群的信息，这样对自己的专业及业务开展都有好处。企业可以把群通信录分类整理到自己的列表中，或者下载群共享里对自己有用的资料，还可以从历史聊天记录中寻找与自身业务相关的群成员。

③群聊天技巧掌握：企业在群内发言时要抓住好时机，如果群内的话题刚好是自己熟悉的，就可以发表自己专业的见解或分享有用的信息；如果是自己主动发言，则可以发布比较新鲜的与群相关的信息，如果发布内容中有链接，需要在链接前说明主题内容。

④群沟通注意事项：在群里发言虽然理论上群成员都可以看到，但有时信息太多容易被淹没，这就要注意群成员之间直接的沟通。企业在遇到与自己业务相关的潜在客户、供应商、行家、人际广的群成员等最好的方式是申请加为好友，然后利用私下点对点的沟通、群里组织的活动，试着跟对方私下约会等方式进一步互相认识。

（2）自创的群营销技巧

对企业来说，除了加群营销，还可以自己建群推广。建群的营销效果会比加群更好，因为毕竟是自己的地盘，不受别人的限制，权限相对来说也大得多。不过，虽然建群的好处很多，但也需要商家花费很多的心思来维护好群，让群具有更高的营销价值。

（3）保持群活跃度

只有群有一定的活跃度，群内的成员才会喜欢群，才会对群产生归属感，这时候商家在群里进行推广，群成员才不会觉得反感，甚至有时还会持支持的态度。

2.QQ 空间营销技巧

QQ 空间其实就是一个博客，所以要利用 QQ 空间做好营销，原创文章的写作是最基本的。在 QQ 空间，心情日志更加逼近人的内心，情感更加真实，能取得更多潜在客户的信任。但是，企业不能在 QQ 空间总是发布心情日志，有时也要适当写一些商业文章。

好友进入空间第一眼看的就是企业的空间网页，如果想给用户留下一个好印象，那么就要打造完美主页，打造完美主页要遵循以下三个技巧。

（1）不要太过炫亮

太炫亮的主页虽然能引起访问企业空间的用户的注意，但有时候太花哨的空间主页会适得其反，给人一种不可靠的感觉，进而用户对企业所销售的产品也会产生很强的不信任感，也失去了解产品的意愿，这将不利于销售人员开展销售活动。

（2）注重主页排版

销售人员要注意利用空间里常用的模块，如最新日志、心情说说、个人资料、头像等，同时对这些模块进行合理的排版，给进入空间的用户留下好印象。

（3）将 QQ 空间装扮成企业官网

当销售人员以网站形式向客户呈现自己的 QQ 空间，用户就可以通过链接进入企业官网，了解更多企业和产品信息。

企业也可以适当地在空间发布一些产品的图片来吸引用户购买商品，不过必须注意不要一下发布太多的图片，因为这样会让用户感到反感，从而使其屏蔽产品消息。

另外，玩过空间的人都知道，空间里互动的途径有很多，用户可以利用它留言、评论、回复等。QQ 空间带来的互动沟通，不仅仅是感性方面的，其更多的是带着一种友好的认知度。比如说，QQ 空间会提醒商家，某个朋友或者 QQ 好友要过生日了，商家通过生日祝福，可以拉近与用户之间的距离。

空间的互动还表现在宣传的力度上，它会超出人们的预料范围，不受时间限制，广泛地进行推广。QQ 说说内容也会进入好友圈，能引起一定的关注度。此外，空间又是和 QQ 窗口绑定的，便于用户更好地、更加深入地去了解商家的营销商品。

QQ空间作为一种老式的传播媒介，仍然具有强悍的营销能力，因为相比于微信，QQ空间在用户黏度等方面一样具有明显的优势。在QQ空间，企业可以添加任何与营销推广相关的个人资料、相片、日志和动态等信息。QQ空间是天生的营销工具，这里土壤肥沃，可以向用户展示任何商品信息，而且传播力度非常大。

最后，企业在QQ空间进行推广时，如果能合适地把握住用户对广告、产品的敏感度，就能很容易地引起关注，且获得不错的销量。因为，交易双方都是熟人关系，一方面信任感很足；另一方面朋友也会为企业做宣传，这种口口相传的效果和效率能让企业收获到更大的营销效益。

3.QQ邮箱营销技巧

QQ邮箱营销是通过电子邮件的方式向目标用户传递有价值信息的一种营销手段。邮件营销是网络营销手法中最古老的一种，QQ邮箱以其特殊的邮箱格式及简单容易记住的特征，成为邮件邮箱中的主要资源，销售人员应充分利用QQ邮箱进行产品销售。

在QQ邮箱主界面点击右上角的菜单按钮，在弹出的菜单中点"写邮件"选项。执行操作后，即可进入"写邮件"界面输入收件人、主题等信息，用户还可以点击附件按钮添加图片、视频等文件，点击"发送"按钮即可发送邮件。

QQ邮箱营销是一个闭环图，经过长期循环的邮件发送与优化从而达到良好的邮件营销效果。下面介绍一些QQ邮箱营销的技巧。

（1）称呼收件人

谨记在收件人一栏填上收信人的名字及邮件地址，这是基本礼貌，而且有些电子邮件过滤软件会将在TO、CC或BCC几栏中没有填写收信人电子邮件地址的信当成垃圾邮件处理掉。

（2）尽量简单

应把邮件内容整理得尽量易懂而直接，将内容清楚地分段，再配合小标题，用户就易于阅读及理解。

（3）不要传送附件

电子邮件病毒经常爆发，读者一般也都提高了警觉，不轻易打开附件。因此，企业可以将要发的内容全放在电子邮件内，以免被误会是恶意邮件而遭到丢弃甚至被举报。

（4）提供联系方式

虽然收件人很少会直接联系发送邮件的企业，但此举有助于澄清这封邮件不是垃圾邮件，也不是来自伪冒网站的。因此，提供联络方法，如电子邮件、电话号码与传真号码等，可给收件人留下一个正面的印象。

（5）切忌频繁发送

通常情况下，一个月发送一到两次是最合理的。

（6）选择干净的设计

正确的邮件设计是简洁的文字加适当的图片，而且一定要有足够的白色空间，以便浏览者容易留意到企业邮件中的每个元素。

（7）为用户提供价值

最好的邮件信息是对读者有用的。例如，一个销售服装的企业，可以在邮件中提供一个季节性的潮流风格指南；一家汽车企业公司可以发送一些安全驾驶的技巧。

（8）挖掘用户需求

为了挖掘潜在用户的兴趣，企业需要了解的不仅仅是他们的邮箱地址。首先企业需要做一个兴趣调查，询问他们的职业和兴趣爱好。建议每年进行一次类似这样的调查，以便获得用户最新情况。

4. 生活服务营销技巧

在手机 QQ 中，加入了"生活服务"功能。生活服务为用户提供了滴滴打车、彩票、吃喝玩乐等服务。

"生活服务"功能采用了类似微信的公众平台营销模式，进一步对接了线下商家，实现了社会化媒体工具与 O2O 营销模式的深度融合。

"生活服务"平台和微信公众平台的概念类似，提供生活服务账号查找、关注、信息展示等操作。与微信不同的是，手机 QQ 的"生活服务"更加侧重本地生活服务，走的是精品路线。前期手机 QQ 的"生活服务"主要面向腾讯内的业务体系，如 QQ 电影票、腾讯新闻等，后期可能会向周边的商家开放。

虽然手机 QQ 的"生活服务"平台和微信公众平台非常类似，但并不意味着手机 QQ 也要走平台的路线。生活服务是 QQ 作为一个沟通平台，扩展更广阔的沟通领域，生活服务就是商家和消费者之间的沟通，在很早以前 QQ 就在尝试做类似的事情，如企业 QQ 等。只不过"微信公众平台"带来了一种全新的，更易于被大家接受的方式。手机 QQ 引入"生活服务"平台后，新版手机 QQ 将先于微信推出移动支付，主要是和"财付通"合作，在手机 QQ 内完成用户消费闭环。

手机 QQ 的移动支付主要有三种方式。

（1）二维码支付

通过扫描二维码跳转到支付页面，再通过财付通完成支付。

（2）公众号支付

通过点击"生活服务"的公众号，进入支付页面中，通过 QQ 钱包或者银行卡直接支付。

（3）外部支付

手机 QQ 可以唤起外部支付类 App 调用手机本地的支付应用，如各种银行客户端、财付通客户端等，完成支付。

"附近的群""生活服务平台""移动支付"三大功能表明，QQ 手机版是用生命在跟微信赛跑，当然也是其深度移动化战略的一步。QQ 的使命是满足多场景、多终端的沟通需求，手机只是其中的一部分，未来无论是 PC、手机、智能电视还是可穿戴设备都将可以使用 QQ。

四、问答营销在社会化媒体营销中的运用

（一）问答营销的概念

问答营销是借助问答社区进行口碑营销的一种网络营销方式。问答营销是近两年比较热门的新型营销方式，是企业鉴于第三方口碑而创建的网络营销方式之一，问答营销方式既能与潜在消费者产生互动，又能植入商家广告，是做品牌口碑营销不错的营销方式之一。

目前国内比较知名的问答社区有：百度知道、天涯问答、搜搜问问、爱问知识人、雅虎知识堂、搜狗问问等。

（二）问答营销的特点

问答营销具备以下五个特点。

1. 针对性

问答本身便具有针对某些问题的特点，所以有助于调动目标客户群体的积极性，使更多的目标客户群体参与进来。

2. 广泛性

问答营销中，每一个有价值的问题总会引来不同的人进行讨论，而企业的品牌效应可以在这种讨论中逐渐增强。

3. 互动性

问答营销可以有效地补充企业官网内容的相对不足，通过与读者互动，增强营销推广的针对性与广泛性。

4. 可控性

在问答营销中，企业可以通过相应的平台与媒介对一些评论进行审核，从而进行一定控制，使那些重复、不符合规则的评论被屏蔽，有利于问答的内容更加健康。

5. 媒介性

比如，我们可以把相关文章或者问题发到一些大型问答网站上，然后借助这些媒介，使阅读到我们文章及问题的人可以不同程度地了解我们的企业及产品信息，从而一定程度上起到推动营销的作用。

（三）问答营销的问答方式

1. 自问自答

这种方式需要在各个问答社区注册大量的 ID 马甲，也需频繁地更换马甲，防止自己所提问和回答的内容被删或被举报为广告。

2. 选题作答

此种方式需要平时多关注与所需关键词相关的问题和受众行业人群的提问，在回答的内容上需注意精练且隐藏营销的内容，回答巧妙者很容易被提问者采纳为最佳答案，从而为自己的马甲加分。此种方式也需要频繁地更换马甲，否则回答很难避免被删或被举报。

3. 只提不答

此种方式的侧重点在于问题的设计。设计的问题主要可以分为企业信息类、产品概念功能类、顾客症状需求类、销售信息类（渠道信息、促销信息）、对比询问类。此种方式的优势是提问可带链接，按顾客需求而设计的提问效果最好。

（四）问答营销的实施技巧

1. 选取关键字

做搜索问答推广，首先必须要明确我们要推广的是哪些关键字。选择正确合理的关键字，会让问答营销更具有穿透力和目的性。

2. 注册问答平台的账户

这种营销方式需要不断地更换 ID，所以需要注册很多的账号。但需注意的是，可以在问答推广时分为两个阶段：第一个阶段，我们需要大量的账号，频繁地更换账号来提问或问答，但是有一条，提问账号与问答账号要分开，不要既提问又回答，否则不便于账号的管理；第二个阶段，我们前期做了很多的工作，各个账号中积累了很多的积分，接下来就需要将这些账号的积分汇总到几个账号里，为的是得到几个高等级的账号，因为高等级的账号可以让问答的权重更高、更有力度，推广的效果更好。

3. 设计问题和答案

在此种营销方式中，最常见的方式为自问自答。需要事先设计好关键字的位置、提问的方式和关键字的布局数量，当然如果有网友提供更好的答案，我们也可以采纳。

我们在设计问答的过程中，很容易失去方向，同样的提问方式会出现很多次，这样就是语竭词穷的结果。能使用不同的方式对同一个点进行提问是一种很重要的能力，需要一定的文字感觉和基础，新手们在这个环节一定要好好地研究。设计问题的技巧主要有以下四种。

（1）简单模式：根据自身的条件进行提问。

（2）联想法：也叫衍生法，根据行业的特点衍生出更多的问题。

（3）事件法：在事件前后分别做问答推广。

（4）主动发难法：在行业内，难免会遇到竞争对手的栽赃陷害，或者遇到公关危机，所以要掌握主动权。

另外，一个完整的问答包括题目、补充问题、答案、参考资料、评价五部分，所以在植入关键字的时候，在这五部分都应该植入关键字。

4. 发布问题

不同的平台有不同的审核标准，审核尤其严格的就是新浪爱问平台，所以新浪爱问里的信息质量比较高，而且能提供好的信息。审核最差的是天涯问答，里面充斥了大量的垃圾广告，没有人去管理，这不仅让提问的网友很烦，也让回答的网友很烦，其实这也是天涯问答贬值的原因之一。不规范的管理，会让平台失去更多的网友和浏览量。

发布问题的技巧主要有以下两个。

（1）给予奖励积分

天涯平台是必须给予奖励积分的，最低是 5 分；有些平台没有规定，由用户自己决定是否给予奖励积分；有些平台则没有积分奖励。

很多人会觉得反正是自问自答，给不给积分都行。其实不是这样的，如果回答的人多了，企业的这个问题的权重会增加，浏览量也就上去了，所以建议给予奖励积分，最低10分，当然也不能太高，太高的话会让管理员起疑心，认为是在转积分而封掉该账号。

（2）把握补充问题

设计的问题可以很简单，但是补充问题必须要写，而且要多写，要养成这个良好的习惯，这不仅仅是为了通过像新浪爱问这样具有严格审核标准的平台的审核，而且因为补充问题是一个很好的推广位置，不能忽略。

5. 回答问题

选择回答账号，用事先设计好的答案回答问题。

6. 关闭问题并反馈

这一步就很简单了，把自己的回答设置成最佳答案。关闭平台后，把该问题的链接整理到相应的文档里，做好备案。

（五）问答营销的实施作用

第一，实施问答营销可以充分补充企业网站内容的不足，也能让读者完善知识面，这种方式不仅起到了针对性效果，还能起到广泛性效果。

第二，问答可以针对某个目标群体，根据群体的特点选择关注的焦点，充分调动这个人群的力量，从而起到具有针对性的效果。回答也可以针对话题做讨论，让更多的人参与，以起到整合人群的效果。

第三，问答营销本身的特点决定了问答营销的广泛性。一个问题或一个事件，可以引来不同人群的讨论或评价，好的建议往往从问答中得到。

第四，可以通过文章或者问题的形式在各大平台或者媒体投稿，只要稿件通过或者是问题通过，就可以借助媒介达到更好的效果。比如企业是做发电机的，可以把发电机的技术指标发布在相关的论坛，那里会有很多高级工程师，可以从他们的评论和回答中得以借鉴。

第五，如果企业是做平台或者是做媒介的，评论可以通过审核的方式来控制，去除重复的、不符合规定的评论，从而达到对读者有益、让内容健康的效果。

五、百科营销在社会化媒体营销中的运用

（一）百科营销的定义

所谓百科营销，就是借助百科知识传播，将企业所拥有的对用户有价值的信息（包括行业知识、产品信息、专业研究、企业文化以及经营理念等）传递给潜在用户，并逐渐形成对企业品牌和产品的认知，将潜在用户，最终转化为用户的过程及各种营销行为。目前，比较著名的百科网站有维基百科、互动百科、百度百科、360百科等。可以说，百科不仅是工具书，更是一种知识性的营销媒体。

（二）百科营销的优势

百科营销在营销体系中主要有以下四点优势。

1. 百科营销是深度营销

传统广告营销比较依赖广告的"狂轰滥炸"，这使受众对传统广告推广方式的排斥心理越来越强；相对来说，百科通过传播知识来传递一种营销理念，突破了传统营销的思维模式，是一种绿色的营销方式。百科营销改变了人们过去对企业与产品的物化认知，强调了产品的知识属性，无形当中挖掘了产品的内在价值，因此是一种深度营销。

2. 利用百科提升品牌形象

相对于新闻、论坛、博客、社交网络服务（SNS）等网络内容来说，很多网民查找相关概念时会比较倾向于查看百科里的介绍。所以，百科在网民心目中的公信力和权威性是比较高的。正因如此，百科也被认为是互联网上的"定义媒体"。可以说，谁拥有了百科词条，谁就拥有了更高的品牌形象。

3. 利用百科传递权重

网站权重是由搜索引擎给网站（或网页）赋予一定的权威值，因而，提高网站权重，不仅有利于网站在搜索引擎中的排名，还能提高整个网站的流量与信任度。相比较来说，百科内容的权重一般比较高，把企业的链接放在这样的页面中，能潜移默化地提高企业网站的权重。

4. 向精准人群提高企业的知名度

百科营销不同于其他营销方式的一个显著特点是，网民如果需要重点了解某些概念，通常会主动在搜索引擎中搜索这些概念。这样，凡是看到百科词条的，一般都是产品潜在的精准客户人群。从这个角度上看，百科营销是成本极为低廉的营销方式。

百科营销作为一种绿色的知识传播性营销方式，它的核心是内容的质量。因此，百科词条的内容要足够丰富、可用，具备一定的公益性，不能变成纯粹的广告，否则就会失去百科营销的意义。毕竟，每个人都希望获得更多的知识来服务于生活，如果这些知识是公益性的科普知识，就能作为润滑剂来有效拉近商家与顾客之间的距离。所以，内容的实用性很重要，是知识营销成败的关键。

为此，百科营销人员在收集知识、编辑知识的时候，一定要真心投入、用心编辑。这样营销人员才能以优质的内容吸引众多潜在顾客的注意。

（三）百科营销的主要形式

1. 词媒体营销

词媒体的代表就是"词条"了。"词"自古以来就是信息传播中最为浓缩的因子。比如，我们平时说的"80后""90后"这些词就鲜明地代表了一个时代或一个人群。这在企业营销中仍然有重要的作用，举例来说，苹果公司就很注重词媒体营销，很少有人记得苹果公司所做的广告，但苹果公司给大家创造的"iPod""iPhone""iPad"等词却给人们留下了深刻的印象，从而具有很强的营销穿透力。

2. 企业百科营销

我们通过前面所述已经知道，百科媒体具有树立企业比较权威的定义权，所以，企业的品牌可以以百科知识的形式进行权威表述。举例来说，企业推广产品时用的一些"广告语"，大家看后未必会信，但如果从百科中看到该企业简介时也有这条"广告语"，感受就会大不一样，人们会觉得该"广告语"是企业自身属性的一部分，从而改善对该广告语的认识。可见，在百科中进行企业简介，并融入企业相关的广告语，将具备独特的妙用。

3. 行业百科营销

任何行业、任何产品都是一个细分的知识库，顾客在选购商品时通常会更加青睐产品所属行业中的优质企业。基于此，企业在进行百科营销时，可以积极支持行业百科的建设，并在百科中为消费者答疑解惑，这有助于树立企业在行业中的领军地位。假如顾客搜索某一个行业，在对这个行业的介绍中就能出现本企业的名字，这在一定程度上能增强顾客对企业形象的好感。

4. 特色百科营销

在百科营销中，还有些特色百科营销吸引人们的注意，比如说，一些地方关于本地介绍的百科建设、名人百科建设、企业家姓名百科建设等，都可以作为企业进行百科营销的阵地。

（四）百科营销的手段

1. 企业首先要为自己建立一个"企业百科"

无论企业的历史是否悠久、企业的品牌影响力有多大，一个正规的企业介绍文档总是被消费者作为重点参考的。在这里，很多企业会重视企业网站的宣传作用，但相对来说，企业网站传播的内容毕竟是"一家之言"，在顾客看来，公信力和权威性稍微弱些，但顾客从百科知识中获得对该企业的认识后，信任度会在一定程度上增强。

为此，企业可以在百科媒体上创建自己的企业百科。创建时既可以用词条形式，也可以用小百科形式，然后把企业网站的简介部分直接连接到百科媒体，从而获得最大限度的权威证明。

2. 适当投资于行业百科

表面看来，企业关注投资于行业百科，仿佛是企业在花自己的钱为整个行业服务。其实，无论哪个企业，只有先把自己放在行业代表的位置上，才能逐渐成为本行业的佼佼者。

　　为此，企业不仅要投入一定资金，还要用心进行行业百科的编辑，在建设一个行业百科时，以行家的身份参与内容建设，并亲自回答用户关心的问题。

3. 适时推出新产品、新概念

当今的市场竞争，由于产品逐渐趋于同质化，因而竞争日益激烈，不断创新已经成为各个企业的共识。在这种情况下，企业只要有创新的举动或理念，就需要向用户诉说，彰显出自己的差异性。因此，企业选择适当的时机，在百科中创造相应的产品概念，一定程度上可以增加产品的影响力。

（五）进行百科营销的注意事项

有些企业进行百科营销时，只是直接将公司名称创建为百科词条或小百科，这是不够的，还需要进一步完善，因为用户通常是按自己的需求进行查询，所以，企业应该紧紧把握行业信息、生活知识，这是百科营销的前提；在撰写百科时，由于这是一种知识性的营销方式，要给人的感觉是权威、客观、中立的，所以在百科中一般不要加入广告，否则会让阅读者感到不信任甚至厌恶；在撰写百科时，要掌握知识量的投放，如果知识过于深奥，读者就难以理解和消化，要是过于简单，又会让读者觉得有些浅陋，所以，百科营销讲究"简而精"，越简单易懂越好，越精越好。

第七章　客户关系管理（CRM）营销创新

第一节　市场营销理论概述

市场营销学是一门建立在经济科学、行为科学、现代管理理论基础上的综合性应用学科。市场营销学萌生于 20 世纪初期，形成于 20 世纪中叶，成熟于 20 世纪 80 年代，目前仍在不断发展之中。近百年来，随着社会经济的发展，市场营销学发生了根本性的变化，从传统市场营销学演变为现代市场营销学，随着网络应用和电子商务的普及，网络营销盛行起来，而大数据时代，精准营销价值更大，商业用途更多。在营销实践中，正确运用市场营销学的原理、方法和技巧，可以使企业以最小的营销资源，获取最大的经济和社会效益，增强市场的竞争能力，实现企业的营销目标。

一、市场营销观念

（一）市场营销定义

关于什么是市场营销，在市场营销学不断发展的过程中，其定义不断被修正。20 世纪中叶是市场营销学形成的重要阶段。美国市场营销协会（1960 年）认为，市场营销是将货物和劳务从生产者流转到消费者的过程中的一切企业活动。这时对市场营销的理解偏重于销售和推销。到了市场营销学成熟的 20 世纪 80 年代，美国市场营销协会（1985 年）认为，市场营销是指通过对货物、劳务和理念的构想、定价、分销、促销等方面的计划及实施，以实现个人和组织预期目标的交换过程。这一定义比 1960 年的定义范围更宽，指出市场营销的活动过程并表明其管理的重要性。到 2004 年，美国市场营销协会又认为，市场营销既是一种职能，也是为了组织自身及利益相关者的利益而创造、传播、传递客户价值，管理客户关系的一系列过程。这一概念强调利益交互和客户关系管理的重要性。

关于市场营销的定义，社会各界普遍认同现代"营销学之父"、美国人菲利普·科特勒（Philip Kotler）的定义，他认为，市场营销是个人和群体通过创造提供出售，并同他人交换产品和价值以满足需求与欲望的一种社会及管理的过程。科特勒的这一定义，表明市场营销的目的与内涵，即价值交互，也就是市场营销各主体之间各取所需的利益满足过程。

对市场的客户而言，就是企业通过一系列的市场营销活动，发现需求并尽可能提供满足市场需求的产品和服务，进而达成价值交换，各取所需，完成市场营销的过程。可见，市场营销是通过提供消费者满意的产品或服务，实现企业利润的最大化，达到"双赢"状态。

（二）市场营销观念的演变过程

营销观念是指企业经营决策，组织管理营销活动的基本指导思想，也就是企业的经营哲学。建立正确的营销观念，对企业经营的成败具有决定性意义。近百年来，企业经营管理的指导思想经历了一个漫长的演变过程。

1. 生产观念

生产观念盛行于 19 世纪末 20 世纪初。该观念认为，消费者喜欢那些可以随处买到和价格低廉的商品，企业应当组织和利用所有资源，集中一切力量提高生产效率和扩大分销范围，增加产量，降低成本。显然，生产观念是一种重生产、轻营销的指导思想，其典型表现就是"我们生产什么，就卖什么"。以生产观念指导营销活动的企业，称为生产导向型企业。

2. 产品观念

产品观念是与生产观念并存的一种市场营销观念，都是重生产、轻营销。产品观念认为，消费者喜欢高质量、多功能和具有某些特色的产品。因此，企业管理中心致力于生产优质产品，并不断精益求精，日臻完善。在这种观念的指导下，公司经理人常常迷恋自己的产品，以致没有意识到产品可能并不迎合市场，甚至市场正朝着不同的方向发展。"酒香不怕巷子深"就是产品观念的典型思想，在"酒香"，即产品质量有保障的情况下，企业忽视了消费者对"巷子深"的抵触心理。如果竞争对手的酒，质量好，也"万里飘香"，"巷子深"则可能给企业带来灾难性结局。

3. 推销观念

推销观念产生于资本主义经济由"卖方市场"向"买方市场"的过渡阶段。它认为，消费者不会自觉、主动地购买大量本企业的产品，因此企业管理的中心任务是积极推销和大力促销，以诱导消费者购买产品。其具体表现是"我卖什么，就设法让人们买什么"。执行推销观念的企业，称为推销导向型企业。在推销观念的指导下，企业相信产品是"卖出去的"，而不是"被买去的"。他们致力于产品的推广和广告活动，以求说服甚至强制消费者购买。

推销观念与生产观念、产品观念一样，也是建立在以企业为中心的"以产定销"，而不是满足消费者真正需要的基础上。因此，这三种观念被称为市场营销的旧观念。

4.市场营销观念

市场营销观念形成于 20 世纪 50 年代。该观念认为,实现企业诸目标的关键在于正确确定目标市场的需要和欲望,一切以消费者为中心,并且比竞争对手更有效、更有力地传送目标市场所期望满足的东西。它要求企业营销管理贯彻"顾客至上"的原则,将管理重心放在善于发现和了解目标顾客的需要上,并千方百计去满足它,从而实现企业目标。执行市场营销观念的企业称为市场导向型企业。

树立并全面贯彻市场营销观念,有四个主要支柱:目标市场、整体营销、顾客满意和盈利率。也就是说,市场营销观念是从选定的市场出发,通过整体活动,实现顾客满意,从而提高盈利率。

5.社会营销观念

社会营销观念是以社会长远利益为中心的市场营销观念,是对市场营销观念的补充和修正。该观念认为,企业生产经营不仅要考虑消费者的需要,而且要考虑消费者和整个社会的长远利益。社会营销观念的基本核心:以实现消费者满意以及消费者和社会公众的长期福利为企业的根本目的与责任。理想的营销决策应同时考虑到:消费者的需求与愿望的满足应不影响消费者和社会的长远利益及企业的营销利益。

生产观念、产品观念、推销观念一般被称为旧观念,是以企业为中心,以企业利益为根本取向的最高目标来处理营销问题的观念;市场营销观念与社会营销观念被称为新观念,分别称为以消费者为中心的顾客导向观念和以社会长远利益为中心的社会导向观念。

二、消费者行为分析

消费者行为主体分为两类:一是个人或家庭,二是厂商和其他社会组织,如学校、政府机关。由于个人和家庭消费是社会再生产过程中的最终消费环节,生产者市场、中间商市场的消费需求均受最终消费市场的引导和影响,而个人和家庭满足消费者需求的行为方式和特点同样会体现于生产者、中间商的购买行为过程,因此,消费者市场的需求和购买行为是消费者分析的基础。

(一) 消费者市场的含义及特点

1.消费者市场的含义

消费者市场是个人或家庭为了生活消费而购买产品和服务的市场。生活消费是产品和服务流通的终点,因而消费者市场也称最终市场。

2. 消费者市场的特点

（1）广泛性

消费者人数众多，差异性大。

（2）分散性

消费者市场是以个人或家庭为购买和消费的单位。限于人数、需要量、购买能力、存放条件和商品有效期等因素，购买的批量小、批次多，是有限的，但购买次数较为频繁。

（3）复杂性

由于年龄、性别、职业、收入、受教育程度、居住区域、民族等方面的不同，形成多种消费层次，有各种各样的需求、欲望、兴趣、爱好和习惯，对不同的商品或同种商品的不同规格、质量、外观、式样、服务及价格等产生多种多样的需求。

（4）易变性

消费者需求具有求新求异的特性。

（5）发展性

科技不断进步，新产品不断出现，消费水平不断提高，消费者需求呈现出由少到多、由粗到精、由低级到高级的发展趋势。

（6）情感性

消费者购买商品大多属于非行家购买，容易受广告宣传和其他推销方法的影响。

（7）伸缩性

消费者购买行为变化性大，并有较大的需求弹性。也许今天决定购买，明天就可能取消购买决定。

（8）替代性

消费品种类繁多，不同品牌甚至不同品种之间往往可以互相替代。

（9）地区性

地理位置的不同导致消费者的不同消费需要、消费爱好和消费习惯，所购商品的品种、规格、质量、花色和价格千差万别。

（10）季节性

季节性气候变化、季节性生产、风俗习惯和传统节日均可引起季节性的消费。

（二）影响消费者购买行为的因素

消费者的购买行为取决于他们的需要和欲望，而人们的需要和欲望乃至消费习惯和行为，是在许多因素的影响下形成的，主要包括文化因素、社会因素、个人因素和心理因素。

1. 文化因素

文化、亚文化和社会阶层等因素对消费者的行为具有最广泛和最深远的影响。文化背景不同，人们的需求就会不同，购买行为就会出现差异。

2. 社会因素

消费者的购买行为也受到社会因素的影响，主要包括消费者所处的社会群体、家庭、社会角色等一系列因素。如在人的社会交往中，相关群体如企业、会员俱乐部、演艺界，对身处其中的消费者个人有相当大的影响，个人的态度、偏好、判断和意见一般不会明显区别于所处的相关群体。

3. 个人因素

在文化与社会因素相同的背景下，每个消费者的行为仍有差别，这与经济状况、生理因素、生活方式、职业、个性等诸多个人因素的差别有直接关系，而上述个人因素的逐渐变化，使同一消费者在不同时间，对不同的产品或服务形成有差别的购买行为。

4. 心理因素

消费者的购买行为受需要和动机、感觉和知觉、思维和学习、信念和态度四个方面心理因素的支配影响。

（三）消费者购买行为分析

1. 消费者购买行为模式

在研究消费者购买行为模式之前，必须先研究消费者市场涉及的内容，市场营销学家归纳出了7个主要问题（称为"7O研究法"），分别如下：

消费者市场由谁构成（Who）？——购买者（Occupants）。

消费者市场购买什么（What）？——购买对象（Objects）。

消费者市场为何购买（Why）？——购买目的（Objectives）。

消费者市场购买活动谁参与（Who）？——购买组织（Organizations）。

消费者市场怎样购买（How）？——购买方式（Operations）。

消费者市场何时购买（When）？——购买时间（Occasions）。

消费者市场何地购买（Where）？——购买地点（Outlets）。

2. 消费者购买决策过程的参与者

（1）发起者

首先想到或提议购买某种产品或劳务的人。

（2）影响者

其看法或意见对最终决策具有直接或间接影响的人。

（3）决定者

能对买不买、买什么、买多少、何时买、何处买等问题做出全部或部分最后决定的人。

（4）购买者

实际采购的人。

（5）使用者

直接消费或使用所购商品或劳务的人。

在实际的消费过程中，参与者有以上五个角色，但这五个角色可能同时是某一个人。例如，给孩子买牛奶。孩子是牛奶的使用者，实际采购者更多的可能是爷爷、奶奶或者爸爸、妈妈，决定者基本是孩子的爸爸、妈妈，影响者可能是爷爷、奶奶或者孩子本身，而发起者可能是爷爷、奶奶、爸爸、妈妈，也可能是孩子本身。

3. 消费者购买行为的类型

根据消费者在购买过程中参与者的介入程度和品牌之间的差异程度，将消费者的购买行为分为四种类型。

（1）复杂的购买行为

复杂的购买行为是指消费者高度参与某项产品的购买，并且了解现有各品牌、品种和规格之间具有显著的差异，购买决策过程的完成，要经历大量的信息收集、全面的产品评估、慎重的购买决策和认真的购后评价等各个阶段的行为。

对这种类型的购买行为，营销者应制定相应的策略帮助购买者掌握产品知识，运用各种途径宣传本品牌的优点，影响最终购买决定，简化购买决策过程。

（2）减少失调感的购买行为

减少失调感的购买行为是指消费者属于高度参与，但并不认为各品牌之间有显著差异，消费者对品牌差异小，不经常购买的单价高、购买风险大的产品，需要花费大量时间和精力去选购，购后又容易出现不满意等失衡心理状态，需要商家及时化解的购买行为。

对这种类型的购买行为，营销者要提供完善的售后服务，通过各种途径经常提供有利于本企业和商品的信息，使顾客相信自己的购买决策是正确的。

（3）多样性的购买行为

多样性的购买行为，又叫寻求多样化购买行为，是指消费者属于低度参与，且现有品牌之间具有的显著差异，在购买产品时有很大的随意性，并不深入收集信息和评估比较就决定购买某一品牌，在消费时才加以评估，但是在下次购买时又转换为其他品牌的行为。

对这种类型的购买行为，企业应增加产品的花色品种，强调与同类产品的差别，来增加产品的营销机会。

（4）习惯性的购买行为

习惯性的购买行为是指消费者低度参与，并认为各品牌之间没有什么显著差异，在购买过程中并未深入收集信息和评估品牌，只是习惯于购买自己熟悉的品牌，在购买后可能评价也可能不评价产品的行为。

对这种类型的购买行为，企业可以利用价格与销售促进消费者使用，与此同时开展大量重复性广告，加深消费者印象，并进一步增强购买参与程度和品牌差异。

（四）消费者购买决策过程

一般认为，消费者的购买决策过程会经历五个阶段：始于确认需要，通过收集信息，进行评价选择，决定购买到购买以后的行为。

1.确认需要

确认需要是消费者购买决策过程的起点，当消费者在现实生活中感觉到或意识到实际与其需求之间有一定差距，并产生了要解决这一问题的要求时，购买的决策便开始了。

2.收集信息

当消费者产生了购买动机之后，便会开始进行与购买动机相关联的活动。如果他欲购买的物品就在附近，他便会实施购买活动，从而满足需求。但是当所需购买的物品不易购买到，或者说需求不能马上得到满足时，他便会把这种需求存入记忆中，并注意收集与需求相关和密切联系的信息，以便进行决策。

3.评价选择

当消费者从不同的渠道获取到有关信息后，便对可供选择的品牌进行分析和比较，并对各种品牌的产品做出评价，最后决定购买。

4.购买决策

消费者对商品信息进行比较和评选后，已形成购买意愿，然而从购买意图到决定购买之间，还要受到他人的态度和意外情况两个因素的影响。

5.购后行为

产品在被购买之后，就进入了买后阶段。此时，市场营销人员的工作并没有结束。消费者购买商品后，通过自己的使用和他人的评价，会对自己购买的商品产生某种程度的满意或不满意。如果对产品满意，则在下一次购买中可能继续采购该产品，并向其他人宣传该产品的优点。如果对产品不满意，则会尽量减少不和谐感。市场营销人员应采取有效的措施，尽量减少购买者买后不满意的程度，并通过加强售后服务保持与顾客联系，提供使他们从积极方面认识产品的特性等方式，以增加消费者的满意感。

三、市场营销环境

企业营销离不开一定的环境和条件，营销环境对企业的营销行为有相当大的影响，在一定程度上会影响企业营销行为的成败。市场营销环境泛指一切影响和制约企业市场营销决策与实施的内部条件及外部环境的总和。营销环境及具体因素的变化对需求、购买决策、供应、营销竞争会产生不同程度的影响。因此，在营销学中，需求和市场分析是知其然的问题，环境分析属于知其所以然，十分重要。

一般来说，市场营销环境可以分为微观环境、宏观环境和企业内部环境。

（一）微观环境

微观环境包括企业的供应者、商业中介组织、顾客、竞争者，这些都会影响企业为其目标市场服务的能力，对企业市场营销的影响更为直接。

1. 供应者

企业的营销产品或提供的服务需要若干供应厂商。供应者提供产品或原材料和某些服务，企业与供应者之间既有合作又有竞争。这种关系既受宏观环境的影响，又制约企业的营销活动。

2. 商业中介组织

企业可以直接向顾客和用户提供产品和服务，但一般离不开商业中介组织转售、促销和提供营销服务。商业中介组织既可以为某一企业从事中介服务，也可以为具有竞争关系的若干企业提供中介服务。除了拥有完整营销体系的少数大企业，在一般情况下，如果与营销企业合作的商业中介组织多、中介服务能力强、中介组织分布广泛合理，营销企业对微观环境的适应性和利用能力就强。

3. 顾客

顾客和用户是企业直接或最终的营销对象。企业不能控制顾客与用户的购买行为，但企业通过有效的营销活动，能在顾客中产生某种印象和形象，改变其对企业及产品的态度和看法，改善与顾客和用户的关系。

4. 竞争者

在社会分工和竞争的条件下，同一种产品、服务都有一定数量的供应者。满足同一消费需求，一般存在若干属性相同、略有差别的产品、服务，因此，营销企业在市场上必然面临竞争者和可替代产品服务。在消费需求和其他环境状态既定的情况下，企业与竞争对手的相对地位和能力直接关系到企业的营销效果。

除了上述四类营销活动的微观环境因素，作为市场管理者的工商行政、质检、技检和卫生管理部门、行业协会、消费者协会以及相关公众，都是企业微观环境的组成部分之一。它们从不同角度，以不同方式制约企业的营销活动。从我国工商企业的营销实践来看，大部分企业对具有直接影响的微观环境予以高度重视，但对间接影响的宏观环境则重视不足。

（二）宏观环境

宏观环境是企业营销活动大的社会背景，宏观环境制约和影响着营销活动的载体平台——市场。宏观环境及其变化造就市场机会，也给营销企业带来各种威胁和压力。

宏观环境一般从以下六个方面分析考察。

1. 人口

市场由那些想买东西并且有购买力的人构成，这种人越多，市场规模就越大。因此，人口的多少直接决定市场的潜在容量，而且人口的年龄结构、地理分布、婚姻状况、出生率、死亡率、人口密度、流动性及文化教育程度等人口特性，又会对市场需求格局产生深刻影响，例如，老年人会有不同于年轻人的消费需求。

2. 经济环境

经济环境是指影响企业市场营销方式与规模的经济因素，主要指一个国家或地区的消费者收入水平、消费者支出水平、物价水平、消费信贷及居民储蓄等因素，是影响企业市场营销最重要的因素。

3. 自然状况

营销学上的自然环境，主要是指自然物质环境，即自然界提供给人类各种形式的物质财富，如矿产资源、森林资源、土地资源、水力资源等，是消费、生产、供给状况的基础。所有这些，都会直接或间接地给企业带来威胁或机会。

4. 政治法律环境

政治环境是指国内与国际的政治环境。在国内主要指党和政府的路线、方针、政策的制定和调整。国际政治环境是指两国关系、和平环境等。法律环境则包括国际和本国主管部门及各地区颁布的各项法规、法令、条例等。

一个国家的政府与政策对企业的市场营销活动产生着深刻的影响。每个国家的政府都能运用政策措施和政策权力对有关方面施加影响，从而达到其所要实现的政治与经济的目的。因此，企业要搞好营销，必须了解与营销有关的国家政策。开展国际营销，还必须关注对方国家政府和政策的稳定程度。

5. 社会文化环境

社会文化环境包括社会阶层、相关群体、教育水平、价值观念、消费习惯、审美观念等。这些因素可影响消费者的购买行为，所以企业营销工作必须重视社会文化环境。

（1）社会阶层

社会阶层是指按一定社会标准将社会成员划分为若干社会等级。这里的社会标准主要是指收入财产水平、文化教育水平、职业和社会名望等。同一社会阶层通常有相似的生活方式和购买行为。

（2）相关群体

一个人的购买行为要受许多群体的影响，有些影响是直接的，有些影响是间接的。首要的群体是与某人直接接触的人们，如家庭成员、亲戚朋友、工作同事、同学及邻居等，他们对消费者的购买行为影响很大。次要群体是指与某人有关的各种团体或组织，如党派、学会、职业协会等。他们与消费者个体接触不太频繁，对其影响不太经常，但可以影响消费模式，如体育明星、电影明星的消费行为对他们的崇拜者影响很大。

（3）教育水平

教育水平的高低直接影响人们的消费行为和消费结构。企业所在地区的教育水平也在一定程度上制约着企业的营销活动。

（4）价值观念

在不同的社会文化背景下，人们的价值观念相差很大。消费者对商品的需求和购买行为深受价值观念的影响。

（5）消费习惯

消费习惯是人类各种习俗中重要的习俗之一，是人们历代传递下来的一种消费方式，也可以说是人们在长期的经济与社会活动中所形成的一种消费风俗习惯，它表现出独特的心理特征、道德伦理、行为方式和生活习惯。

（6）审美观念

审美观念通常指人们对商品的好坏、美丑、善恶的评价。不同的国家、民族、阶层和个人，往往有着不同的审美标准。人们的消费行为归根结底在于维护每个社会成员的身心健康和不断追求生活的日趋完善。人们在市场上挑选购买商品的过程，实际上也是一次审美活动。

6. 科技和教育水平

科学技术对经济社会发展的作用日益显著，科技的基础是教育，因此，科技与教育是宏观环境的组成部分。科技进步不仅改变生产力和生产方式，推动产品开发，影响生产要素的功能和利用率，同时也影响中间消费和最终消费。教育水平的高低和社会科学技术的普及状况，对消费观念、生活方式和购买选择的影响日益显著。对信息和高新技术产业，教育水平的差异是影响需求和用户规模的重要因素，这已经被提上企业营销分析的议事日程。

（三）企业内部环境

就营销主体及其营销活动而言，销售、配送、市场、广告、服务以外的其他部门，均属于企业内部营销环境构成。这些部门包括研究与开发、生产、采购、财务、人事、行政以及企业最高领导层，企业的营销主体依靠上述部门的支持和配合完成营销活动。对应对市场变化而言，内部环境和外部环境同样重要。

四、市场细分与目标市场选择

在一般情况下，一个企业不可能满足所有消费者的要求，尤其在激烈的市场竞争中，企业更应集中力量，有效地选择市场，取得竞争优势。因此，企业需要细分市场，选择自己的目标市场，结合自身条件制定出最佳的市场营销策略。

（一）市场细分的概念和标准

市场细分是指营销者通过市场调研，依据消费者的需要和欲望、购买行为和购买习惯等方面的差异，把某一产品的市场整体划分为若干消费者群的市场分类过程。每一个消费者群就是一个细分市场，每一个细分市场都是由具有类似需求倾向的消费者构成的群体。

消费品市场的细分标准因企业不同而各具特色，但是有一些标准是共同的，即地理环境因素、人口统计因素、消费心理因素和消费行为因素四个方面，每个方面又包括一系列的细分变量。

1. 地理环境因素

以地理环境为标准细分市场就是按消费者所在的不同地理位置将市场加以划分，是大多数企业采取的主要标准之一，这是因为这一因素相对于其他因素来说表现得较为稳定，也容易分析。地理环境主要包括区域、地形、气候、城镇大小和交通条件等。由于不同的地理环境、气候条件、社会风俗等因素的影响，同一地区内的消费者需求具有一定的相似性，不同地区的消费需求则具有明显的差异。

2. 人口统计因素

人口状态是市场细分惯用的和最主要的标准，它与消费需求以及许多产品的销售有着密切联系，而且这些因素又往往容易被辨认和衡量。根据消费者年龄、性别、职业、收入以及国籍、民族的差别，把总体市场划分成一个个有差别的消费群体。不同消费群体的偏好、购买力和需求重点不同，同一消费群中的不同消费者，既有共性，又有特性和差别，但其共性大于特性。

3. 消费心理因素

在地理环境和人口状态相同的条件下，消费者之间存在截然不同的消费习惯和特点，这往往是由消费者不同的消费心理导致的。尤其是在比较富裕的社会中，顾客购物已不限于满足基本生活需要，因而消费心理对市场需求的影响更大。所以，消费心理也就成为市场细分的又一重要标准。根据消费者的生活方式、性格及对品牌的忠诚度对市场进行细分，就属于这种细分。

4. 消费行为因素

按消费行为因素进行细分也是一种较深入的细分方法，它与消费心理细分结合起来，分析效果更好。消费行为细分依据消费者购买行为的分类和差别，可以从购买时机、利益要点、使用状况、更新频率以及态度、忠诚度等具体标准出发，将总体市场逐一分解。在时机方面，节假日与其他时间的旅游需求不同。在利益方面，购买手表注重美观、实用、豪华或身价，不同消费者追求的重点不同。在全部消费者中，有未用、准备使用、尝试使用和经常使用多种情况。在用户群中，有使用频率高低和品牌忠诚度高低两类多种消费群体。对新产品或成熟产品，总体市场细分中还可以采用待购阶段和用户态度两类标准，形成是否知晓、是否准备购买两种不同消费群体，分出态度积极或消极的若干不同用户群。

（二）目标市场的选择

目标市场，是指企业在市场细分的基础上，根据市场潜力、竞争对手状况、企业自身特点所选定和进入的市场。选择哪些细分市场作为目标市场，既要依据细分市场的容量、潜力和环境因素，更重要的是细分市场的状况是否能最大限度地发挥企业的优势和营销能力。根据各个细分市场的独特性和企业自身的目标，共有三种目标市场策略可供选择。

1. 无差异市场营销策略

无差异市场营销策略是指企业只推出一种产品，或只用一套市场营销办法来招徕顾客。当企业断定各个细分市场之间存在很少差异时可考虑采用这种无差异市场营销策略。它适用于细分后的市场虽然有差别，但共性明显且是根本性的，企业的基本营销策略可以求同存异，兼顾不同的细分市场。

2. 密集型市场营销策略

密集型市场营销策略是指在市场细分的基础上，选择一个或有限的几个细分市场，集中企业资源，满足一个或少数几个有利的细分市场的需要。

3. 差异性市场营销策略

差异性市场营销策略是指针对不同的细分市场，选择若干个细分市场作为目标市场，企业根据各个细分市场的特点采用不同的营销策略，充分适应不同消费者的不同需求，吸引各种不同的购买者，从而扩大各种产品的销售量。

（三）目标市场的定位

市场定位也称"营销定位"，是市场营销工作者用以在目标市场（此处目标市场指该市场上的客户和潜在客户）的心目中塑造产品、品牌或组织的形象或个性的营销技术。企业根据竞争者现有产品在市场上所处的位置，针对消费者或用户对该产品某种特征或属性的重视程度，强有力地塑造出本企业产品与众不同的、给人印象鲜明的个性或形象，并把这种形象生动地传递给顾客，从而使该产品在市场上确定适当的位置。简言之，市场定位就是在目标客户心目中树立产品独特的形象。

五、市场营销策略组合

市场营销策略组合是市场营销学研究的重点，是指企业在选定的目标市场上，综合考虑环境、能力、竞争状况等企业自身可以控制的因素，加以最佳组合和运用，以完成企业的目的与任务。

（一）4P 理论

1964 年，美国密歇根州立大学教授杰罗姆·麦卡锡（Jerome McCarthy）提出 4P 理论，认为在影响企业经营的诸因素中，市场营销环境是企业不可控制的因素，而产品（Product）、价格（Price）、促销（Promotion）和分销渠道（Place）等这些因素是企业可以控制的变量，可以组成一个系统化的营销组合策略，即"4P"组合，以适应外部环境的变化，满足目标顾客的需求，实现企业经营目标。

1. 产品策略

产品策略是指做出与企业向市场提供的产品有关的策划及决策。产品与服务是营销因素组合中至关重要的因素，它包括产品种类、产品规格、质量标准、产品包装、产品特色、物理特性、心理特性、产品外观式样、产品商标，以及产品的维修、安装、指导、担保与承诺等连带服务措施。

2. 价格策略

价格策略，主要是指企业如何估量顾客的需求并分析成本，以便选定一种吸引顾客、实现市场营销组合的价格。定价必须根据企业目标市场的竞争情况以及消费者对此定价的可能反应，同时，产品的价格也要满足企业盈利的要求。值得注意的是，价格的市场反应是消费者关于产品质量与品牌定位的重要信息，价格如果得不到消费者的认可，营销组合的其他努力就会失效，因为价格是消费者对企业的市场营销组合感到满意时愿意支付的货款。价格策略主要考虑与定价有关的内容，包括价格水平、折扣价格、折让、支付期限、商业信用条件等相关问题。

常用的定价方法有成本定价、需求定价、竞争定价等。企业按照产品与市场情况，灵活地运用各种定价方法与策略可以吸引顾客，刺激购买，扩大产品销路，实现营销目标。

3. 促销策略

促销策略主要是指企业利用信息传播手段传递"合适的产品在适当的时候以适当的价格出售"的信息。它的作用：一是传递企业何时何地以何种方式何种价格销售何种商品的信息；二是引起消费者的注意，激发消费者购买兴趣；三是增强企业品牌的知名度。因此，它包含了企业与市场沟通的所有方法。其中，包括广告策略、人员推销、公共关系、营业推广等因素的组合运用。

4. 分销渠道策略

分销渠道也称配销通路或市场营销渠道，它是指产品在其所有权转移过程中从生产领域进入消费领域所经过的各个环节及经营机构。

（1）从渠道长度划分

从渠道的长度来看，有直接渠道策略和间接渠道策略。

①直接渠道是由生产厂家将产品直接销售给消费者。直接销售主要有以下几种方式：企业官网、官方公众号、官方微博、上门推销、邮售、电话推销、合约销售、制造商自设商店、消费者或用户直接向生产者订货等。

②间接渠道的基本特征是生产者和消费者之间加入了商业中介人的转手买卖活动，由商业中介人专门承担商品流通的职能。间接渠道的形式有通过各类批发商、零售商、代理商、经纪商等形成的渠道。

（2）从渠道宽度划分

从渠道的宽度来看，一般有以下三种渠道宽度策略：

①密集分销。生产厂家尽可能多地通过许多中间商推销其产品。一些日用小商品、生活必需品（如糖果、饼干、牙膏、肥皂、香烟、通用小工具等）和工业品中的通用机具多

采用宽渠道的密集分配。零售环节采用密集分销法，也要求批发环节相应采取密集分销法。

②选择分销。生产厂家在某一地区仅通过几个精心挑选的、最合适的中间商推销产品。适用于消费品中的选购品（如时装、鞋帽、家用电器等）和新产品开发的试销阶段。

③独家分销。生产厂家在某一地区仅通过一家中间商推销其产品。独家分销在许多情况下是由产品的特异性（如专利技术、专门用户、品牌优势等）造成的。

1984年，美国著名的市场学家菲利普·科特勒首次提出大市场营销理论，称为"6P"理论，就是在原有的"4P"基础上，再加上2个"P"，即政治权力策略（Power Strategy）与公共关系策略（Public Relations）。"6P"理论认为，要打入封闭或保护的市场，首先应该运用政治权力策略，必须得到有影响力的政府部门和立法机构的支持，从而进入市场。其次，还必须运用公共关系策略，利用各种传播媒介与目标市场的广大公众搞好关系，树立良好的企业和产品形象。大市场营销理论突破了认为市场营销环境是不可控制的传统看法，认为企业应该积极、主动地去影响环境，运用政治力量和公共关系的各种手段打破国际或国内市场上的贸易壁垒，为开拓新的市场扫清障碍。

（二）4C理论

随着市场竞争日趋激烈，媒介传播速度越来越快，以4P理论来指导企业营销实践已经"过时"，4P理论越来越受到挑战。1990年，罗伯特·劳特朋提出了4C理论，向4P理论发起挑战，他认为在营销时需持有的理念应是"请注意消费者"而不是传统的"消费者请注意"。

1.顾客的需求（Customer's need）

提供什么样的产品，并不是站在企业的角度思考，不是企业有什么资源就卖什么产品，而是应提供满足消费者需求的产品。实施顾客需求策略，企业必须首先了解和研究顾客，根据顾客的需求来提供产品。同时，企业提供的不仅仅是产品和服务，更重要的是由此产生的客户价值（Customer Value）。

2.成本（Cost）

成本不单是企业的生产成本，或者说"4P"中的Price（价格），它还包括顾客的购买成本，同时也意味着产品定价的理想情况，应该是既低于顾客的心理价格，亦能让企业有所盈利。此外，这中间的顾客购买成本不仅包括其货币支出，还包括其为此耗费的时间、体力和精神以及购买风险。

顾客在购买某一商品时，除耗费一定的资金外，还要耗费一定的时间、精神和体力，这些构成了顾客总成本。所以，顾客总成本包括货币成本、时间成本、精神成本和体力成本等。由于顾客在购买商品时，总希望把有关成本包括货币、时间、精神和体力等降到最低限度，以使自己得到最大限度的满足，因此，零售企业必须考虑顾客为满足需求而愿意支付的"顾客总成本"。努力降低顾客购买的总成本，如降低商品进价成本和市场营销费用，从而降低商品价格，以减少顾客的货币成本；努力提高工作效率，尽可能减少顾客的时间支出，节约顾客的购买时间；通过多种渠道向顾客提供详尽的信息，为顾客提供良好的售后服务，减少顾客精神和体力的耗费。

3. 便利（Convenience）

便利策略对应"4P"理论中的渠道策略。"4C"理论认为，企业在实施分销策略时，应充分考虑客户的方便程度。"4C"营销理论强调企业在制定分销策略时，要更多地考虑顾客的方便，而不是企业自己方便。要通过好的售前、售中和售后服务让顾客在购物的同时也享受到便利。便利是客户价值不可或缺的一部分。最大限度地便利消费者，是处于过度竞争状况的零售企业应该认真思考的问题。如上所述，零售企业在选择地理位置时，应考虑地区抉择、区域抉择、地点抉择等因素，尤其应考虑"消费者的易接近性"这一因素，使消费者容易达到"产品"。

4. 沟通（Communication）

沟通策略则被用以取代"4P"中对应的 Promotion（促销）。"4C"营销理论认为，企业应通过同顾客进行积极有效的双向沟通，建立基于共同利益的新型企业/顾客关系。这不再是企业单向的促销和劝导顾客，而是在双方的沟通中找到能同时实现各自目标的通途。

（三）4R 策略

4P 理论以企业为中心制定营销策略，4C 理论强调以消费者为中心，而美国管理学者艾略特·艾登伯格在 2001 年出版的《4R 营销》一书中提出 4R 营销理论，以关系营销为核心，重在建立顾客忠诚。它阐述了四个全新的营销组合要素 4R，即关联（Relevancy）、反应（Reaction）、关系（Relationship）和回报（Reward）。

1. 关联

关联策略认为企业与顾客是一个命运共同体。建立并发展与顾客之间的长期关系是企业经营的核心理念和最重要的内容。如何将企业与顾客关联起来是 4R 的前提和基础，因而关联媒介的选择尤为重要。关联媒介可以是"上天猫就购了"这样的广告语，让目标客户听到或者看到这样的广告语就能马上关联到天猫；关联媒介还可以是企业 Logo，当目标客户看到 Logo 图标后就能关联到企业及其品牌上；关联媒介还可以是包装、形象代言人、产品本身等多样化的媒介载体。关联媒介的选择策略应当基于用户偏好才能引起目标客户的关注，进而引起下一步的关联行为——对关联的反应（Reaction）。

2. 反应

在相互影响的市场中，对经营者来说最难实现的问题不在于如何控制、制订和实施计划，而在于如何站在顾客的角度及时地倾听和促使商业模式转变为高度回应需求的商业模式。

3. 关系

在企业与客户的关系发生了本质性变化的市场环境中，抢占市场的关键已转变为与顾客建立长期而稳固的关系。与此相适应产生了五个转向：从一次性交易转向强调建立长期友好合作关系；从着眼于短期利益转向重视长期利益；从顾客被动适应企业单一销售转向顾客主动参与到生产过程中来；从相互的利益冲突转向共同的和谐发展；从管理营销组合转向管理企业与顾客的互动关系。

4. 回报

任何交易与合作关系的巩固和发展都是经济利益问题。因此，一定的合理回报既是正确处理营销活动中各种矛盾的出发点，也是营销的落脚点。

4R 营销理论的最大特点是以竞争为导向，在新的层次上概括了营销的新框架。该理论根据市场不断成熟和竞争日趋激烈的形势，着眼于企业与顾客互动与"双赢"，不仅积极地适应顾客的需求，而且主动地创造需求，通过关联、关系、反应等形式与客户形成独特的关系，把企业与客户联系在一起，形成竞争优势。

关系营销的核心是保持顾客，为顾客提供高度满意的产品和服务价值，通过加强与顾客的联系，提供有效的顾客服务，保持与顾客的长期关系，并在与顾客保持长期关系的基础上开展营销活动，实现企业的营销目标。实施关系营销并不是以损害企业利益为代价的。根据研究，争取一个新顾客的营销费用是维持一个老顾客费用的 5 ~ 10 倍，因此加强与顾客关系并建立顾客忠诚度，是可以为企业带来长远利益的，它提倡的是企业与顾客的"双赢"策略。

（四）4P、4C、4R 理论的比较

4P 理论是站在企业的角度来看营销；4C 理论以消费者为导向，是站在消费者的角度来看营销；4R 也是站在消费者的角度来看营销，同时注意与竞争对手争夺客户。从导向来看，4P 理论是由上而下的运行原则，重视产品导向而非消费者导向，它宣传的是"消

费者请注意"；4C 理论以"请注意消费者"为座右铭，强调以消费者为导向；4R 也是以消费者为导向，但 4R 较之 4C 更明确地立足于消费者，它宣传的是"请注意消费者和竞争对手"。

市场营销策略组合作为现代市场营销理论中的一个重要概念，在其发展过程中，营销组合因素不断变化，但应当看到，传统的 4P 理论仍然是基础。

第二节　客户关系管理（CRM）概述

一、CRM 的概念与内容

CRM 即 Customer Relationship Management，意为客户关系管理，其思想是企业为提高核心竞争力，利用相应的信息技术以及互联网技术协调企业与顾客之间在销售、营销和服务上的交互，从而提升其管理方式，向客户提供创新式的个性化的客户交互和服务的过程，其最终目标是吸引新客户、保留老客户以及将已有客户转为忠实客户，增加市场份额。

所以，CRM 要解决四个问题。

第一，如何选择客户。如何选择客户就是要回答如何判断客户价值这一问题，并根据客户价值进行客户细分，然后有针对性地选择客户进行精准营销，进而形成忠诚关系。企业的产品对象很多，难道都是企业的客户吗？在成千上万的客户中，他们能给企业带来的价值一样多吗？哪些客户能给企业带来最大收益？哪些客户又是企业该果断放弃的呢？这些问题都需要企业能用一套行之有效的方法来回答，即建立客户价值指标体系和评价体系。客户终身价值是客户关系管理及 CRM 系统中常用的客户价值体系。

一般来说，企业客户价值不同，重要性不同，其关系就不同，为企业带来的价值就不同。因而，企业要进行客户细分和分类关系。客户分类管理的好处在于通过不同的客户分类标准，将众多客户分类，在每一个客户分类群里再深入分析，以便重点管理。按照客户与企业的关系，客户可以分成普通消费者、企业客户、渠道成员（分销商、经销商、特许经营者）、内部客户（企业或集团内部的个人或部门）。按照客户价值也可以分为重要客户（VIP）（为公司带来最多交易前 1% 的客户）、主要客户（Major）（在 VIP 客户外，在特定期间内交易数额占最多的前 5% 的客户）、普通客户（Common）（交易额占最多的前20%)、小客户（Minor）（交易额占全部交易额的80%)，也就是说，20%的重要客户给企业带来了80%的业绩。按客户的忠诚程度，可以分为忠诚客户、老客户、新客户、潜在客户。按客户提供价值的能力可以分为灯塔型客户（对新事物或新技术非常感兴趣，对价格不敏感，潮流的领先者。在所属群体中，是舆论领导者，他们不仅自己率先购买，而且还鼓励他人购买，还能为企业提供宝贵的建议，因此，企业愿意大力投资在这一群体上；为企业提供交易价值）；跟随型客户（紧跟潮流，以灯塔型客户为参照体，注意品牌形象，在乎品牌带给自己的心理满足和情感特征，是真正的感性消费者，为企业提供交易价值、购买价值、口碑价值和顾客知识价值）；理性客户（注意性价比，对价格、质量和承诺敏感，为企业提供购买价值、信息价值、口碑价值）；逐利客户（只关心价格，购买价格有优势的产品，这类客户只能为企业提供购买价值和信息价值）。

第二，如何最优效率地获取客户？企业与客户之间接触点的设置显得非常重要，如同在4R思想中，第一个R是Relevancy，即关联。企业与客户关联起来主要是通过关联媒介的设置。企业可以通过电话、传真、E-mail、网站、广告、宣传资料、销售系统等与客户联系，从而最快、最有效地获取客户。第二个R是Reaction反应，也就是说在Relevancy关联媒介上呈现的信息能否引起目标受众的积极反馈，让目标受众产生进一步了解、购买的欲望，让目标受众从潜在消费者变为实实在在的现实消费者。

第三，如何留住老客户？大家都知道，开发一个新客户的成本是留住一个老客户的5~10倍。客户关系的维持管理是客户关系管理的核心，也就是4R中第三个R是Relationship（关系）。企业与客户的关系有五种：基本型、被动型、负责型、能动型、伙伴型。基本型是指销售人员把产品卖出去后就不再与客户接触；被动型是销售人员把产品卖出去后，同意或鼓励客户在遇到问题或有意见时联系企业；负责型是销售完成后，企业及时联系客户，询问产品是否符合客户的要求，有何缺陷或不足，有何意见或建议，以帮助企业不断改进产品，使之更加符合客户需求；能动型是销售完成后，企业不断联系客户，提供有关改进产品的建议和新产品的信息；伙伴型是企业不断努力协同客户，帮助客户解决问题，支持客户的成功，实现共同发展。这五种客户关系类型之间并不具有简单的优劣对比程度或顺序，企业所采用的客户关系类型取决于它的产品以及客户的特征。企业与客户之间要进行互动的沟通和交流，互相了解和影响，并能在接触的过程中进行学习，从而更好地了解客户并提供更合适的产品或服务。

第四，在保持客户的同时，如何最大限度地开发老客户的价值呢？也就是4R理论中的第四个R是Reward（回报）。通过提供精准的营销服务，实现企业与客户的"双赢"，才能形成忠诚关系，客户才能为企业贡献终身价值。

二、CRM 的内涵

（一）CRM 是一种现代经营管理理念

CRM 包含了客户价值理论、客户生命周期理论、客户细分、客户满意度与客户忠诚度理论、关系营销、一对一营销、数据库营销等新管理思想的精华。在这些经营理念中，"关系营销"是其核心理论。

关系营销是把营销活动看作一个企业与消费者、供应商、分销商、竞争者、政府机构及其他公众发生互动作用的过程，其核心是建立和发展与这些公众的良好关系。1985 年，美国学者巴巴拉·本德·杰克逊（Barbara B. Jackson）提出了关系营销的概念，使人们对市场营销理论的研究又迈上了一个新的台阶。关系营销理论一经提出，迅速风靡全球，杰克逊也因此成了美国营销界备受瞩目的人物。

（二）CRM 集合了当今最新的信息技术

CRM 作为一整套解决方案，它集成了当今最新的信息技术，包括 Internet 和电子商务、多媒体技术、数据仓库和数据挖掘、专家系统和人工智能、呼叫中心等。从 CRM 的发展过程来看，最开始形成于美国。美国是一个信息技术发达的国家，企业最开始通过信息技术的应用来实现销售自动化，后来又用数据库进行有针对性的营销活动，到后来集成网络与电话技术形成呼叫中心，CRMS（Customer Relationship Management System，即客户关系管理系统）就形成了，因而从 CRM 的形成和发展来看，都与技术的应用密不可分。可以说，信息技术是 CRM 的支撑系统。信息技术是客户关系管理理念的一套工具和平台，支撑着这些经营理念的实现。

随着移动网络的发展，CRM 已经进入了移动时代。移动 CRM 系统就是一个集 4G 移动技术、智能移动终端、VPN、身份认证、地理信息系统、商业智能等技术于一体的移动客户关系管理产品。移动 CRM 将原有 CRM 系统上的客户资源管理、销售管理、客户服务管理、日常事务管理等功能迁移到手机，所以移动 CRM 既可以像一般的 CRM 产品一样，在公司的局域网里进行操作，也可以在员工外出时，通过手机进行操作。客户企业的工作人员只需要下载手机版软件，然后安装在手机上就可以直接使用。这样，客户企业的工作人员不仅可以随时查看信息，还可以通过手机给公司内部人员下达工作指示。

目前，云计算的全球化使传统 CRM 软件逐渐被 Web CRM 超越，越来越多的客户倾向于采用 Web 来管理 CRM 等，它集合了当今最新的信息技术，包括 Internet 和电子商务、云计算、大数据、数据仓库和数据挖掘、专家系统和人工智能等新技术。

（三）CRM 意味着一套应用软件系统

CRMS 包含市场营销、销售管理、客户关怀、服务和支持等应用模块。通过这套系统，既可以实现业务自动化处理，如统计报表、数据存储和分析，帮助业务人员减少工作量，也可以帮助销售经理做出营销决策；既可以使企业及时与客户取得联系，也可以实现各个部门信息的共享与集成。

市场营销管理的主要任务是：通过对市场和客户信息的统计和分析，发现市场机会，确定目标客户群和营销组合，科学地制定出市场和产品策略；为市场人员提供制订预算、计划、执行和控制的工具，不断完善市场计划。同时，还可管理各类市场活动（如广告、会议、展览、促销等），对市场活动进行跟踪、分析和总结以便改进工作。

销售管理则使销售人员通过各种销售工具，如电话销售、移动销售、远程销售、电子商务等，方便、及时地获得有关生产、库存、定价和订单处理的信息。所有与销售有关的信息都存储在共享数据库中，销售人员可随时补充或及时获取，企业也不会由于某位销售人员的离去而使销售活动受阻。另外，借助信息技术，销售部门还能自动跟踪多个复杂的销售线路，提高工作效率。

客户服务和支持部分具有两大功能，即服务和支持。一方面，通过计算机电话集成技术（CTI）支持的呼叫中心，为客户提供每周 7×24 小时不间断服务，并将客户的各种信息存入共享的数据库以及时满足客户需求；另一方面，技术人员对客户的使用情况进行跟踪，为客户提供个性化服务，并且对服务合同进行管理。

三、CRM 软件的选择

CRM 是一种以客户为中心的业务模式，是由多种技术手段支持的、通过以客户为中心达到增强企业竞争力的商业策略，这一点已在市场上取得了共识。CRM 不仅是一种管理理念，而且是一种管理技术，它综合应用了数据库和数据仓库技术、OLAP、数据挖掘技术、Internet 技术、面向对象技术、客户/服务器体系、图形用户界面、网络通信等信息产业成果，以 CRM 管理思想为灵魂的软件产品。CRM 软件产品该如何选择？

对于和市场营销紧密相关的特定领域，拥有一款适合的 CRM 系统，等于拥有了一把销售利器，所以如何选择一款合适的 CRM 系统就成了一门学问。选择 CRM 不是一件简单的工作，主要考虑以下五个问题。

1. 是否适合企业规模

选择 CRM 软件最重要的是适合自己，若软件不能适合企业发展规模，如功能不全、并发操作反应慢等，使用起来会感觉处处受限制，那么 CRM 软件很可能对企业自身起不到任何实际作用。

另外，不顾实际规模，盲目选用大型软件，也是一种浪费。例如，小型企业选择集团型软件就不合适。所以，选择 CRM 软件既不是越大越好，也不是越简约越好，而是要适合企业规模。

2. 是否适合自己所处的行业

软件的行业性是未来发展趋势，如制造业有制造业的软件。随着市场逐渐细分，甚至可以根据子行业细分出不同的软件。

合适自己行业的 CRM 软件可降低实施成本，因为软件行业化，软件企业提供的软件就会体现这个行业的特殊性，从而降低实施成本。软件的行业细分使软件供应商专注于某个行业，行业性解决方案将会越来越符合企业实际情况，从而降低项目实施风险。

3. 软件的稳定性如何

稳定性是评估一个管理软件是否成功的最基本指标，若运行不稳定，就算软件功能最齐全、最符合企业实际，也是不合格产品。试想一下，软件运营不到半年，系统突然崩溃了，对企业来说就是致命的打击，没有任何一个企业愿意面对并承担这个风险。

4. 软件的扩展性如何

企业在不断发展过程中，采用的信息化系统越来越多，如企业资源计划系统 ERP、办公自动化系统 OA、电子商务系统、供应链管理系统 SCM 等。如果企业的数据信息系统不断扩大、增强，而管理软件扩展性很弱甚至没有什么扩展性，那么在以后的使用过程中，这些软件之间很可能会彼此孤立，成为一座座信息孤岛，从而影响企业部门之间的信息沟通与交流。

5. 软件的信誉如何

对任何产品，只有实际使用过的用户才有权利加以评论。所以，企业选购软件时可先向使用过的用户了解软件的信誉度、使用效果等，但是应在同行之间了解，否则参考价值会大大降低。

第三节 基于大数据的客户关系管理（CRM）营销创新

一、大数据与 CRM 营销

面对客户的多样化、层次化、个性化需求，大众化营销已失去优势。在数据繁多混乱，市场营销执行力下降的同时，不可否认的是，大数据中的海量数据中隐藏着用户习惯、市场变化、技术走势等有价值的信息，这些信息能为 CRM 营销带来帮助。

（一）大数据在 CRM 中的优势

1. 实现大数据的应用效果

大数据管理可以实现不同的应用效果，从直接为企业降低成本、提高效率，到提供发展方向等，管理者不能盲目地通过大数据来追求某一既定目标，而是要根据企业的实际状况，让大数据应用在合理的位置上。

一直以来，零售界都是以像沃尔玛这类大型零售商为标准设定自身的发展战略，不过，一些新加入的在线竞争对手（比如亚马逊公司）正在以另一种更高效的模式取代这种老牌的发展方式，他们能应用大数据管理，根据上百万的客户数据分析出各种客户群的购买偏好，从而有针对性地对客户进行销售，这也是他们的竞争优势所在。

通过研究客户行为特点，找到品牌吸引客户的原因，而这些研究的核心就在于分析在线搜索数据和实时信息，它们都是通过客户在社交媒体或其他网络渠道上与企业的产品或服务产生互动时所得到的。

2. 分辨现有优势与局限

搭建大数据管理体系是一个尝试实现大数据管理的企业首先要做的，而这其中关键的两点就是了解企业现有的数据类型和获取数据的能力。在这方面，管理者们除了要对现有数据类型进行回顾，还要斟酌企业本身的数据分析能力以及是否存在能提供帮助的合作伙伴，这样的反思能让管理者对企业能力与需求有更真实的了解。

3. 具备全局观

当企业度量好大数据的应用模式，然后需要把大数据应用的计划与企业整体发展战略相结合。根据企业现有的状况，从全局上充分考虑如何将资源分配给企业的各个部门，以达到预期的效果。从大数据的具体应用计划来看，既可以为一线代表提供分析工具，也可以通过积累数据与培养员工的分析能力来为企业争得先机等。

（二）大数据与 CRM 的发展

互联网的发展以及大数据时代的来临，使运算效率和利用效率都有了极大的提高，海量的数据和信息改变着整个世界。

CRM 在大数据时代，因为其便捷性而享有一席之地。CRM 的出现意味着企业运行观念的改变，它改变了以往以企业为中心的惯例，开始更加关心客户，以客户为中心。CRM 是为增进企业盈利力度、提高企业收入和客户满意度而设计的，不仅仅局限于一个部门，而是针对整个企业范围的商业战略。在大数据的驱动下，企业的经营活动和业务流程都要围绕客户需要进行改变。

在大数据时代下，CRM 随着技术的变革迅速发展。如今，企业间 CRM 的发展使不同企业与不同客户圈建立联系成为可能。大数据将会支撑 CRM 向海量数据、非结构化数据库、数据仓库、商务智能等领域的发展。CRM 在大数据时代的技术基础将会加强，应用前景将会更加宽广。

（三）大数据与 CRM 的融合

随着云计算、移动互联网、手机、平板电脑、PC 以及遍布全球的各种各样传感器的涌现，大数据变成了现今业界最热门的话题。大数据技术让各种类型的数据变成能快速获得的有价值的信息，以客户数据库为依托，结合商务智能 BI 技术的 CRM 必将与大数据融合发展。就目前来看，CRM 与大数据加速走向融合，具体表现在以下两个方面。

1.CRM 带动大数据市场快速发展

伴随企业越来越重视客户关系管理和精准营销，必然会加大 CRM 系统的应用建设。而 CRM 系统中的技术支撑离不开大数据、云计算、数据库与数据仓库、数据挖掘与商务智能技术。可见，CRM 的快速发展会带动大数据市场的快速发展。

2. 大数据支撑 CRM 的更新与应用

在大数据时代和互联网蓬勃发展的今天，CRM 的实施与应用离不开大数据的支持。大数据中数据采集、数据处理、数据存储、数据挖掘技术都与 CRM 中客户数据的采集、数据处理、数据存储、数据挖掘密切相关。CRM 中客户数据与数据仓库的发展应用，是 CRM 客户行为分析、客户价值判断、客户细分、客户关系保持与精准营销的技术基础。显然，大数据技术的发展极大地支撑着 CRM 的发展。

二、基于大数据的 CRM 营销创新

由于行业特征不一样，CRM 在不同行业中的应用情况也不一样，而且不同行业的大数据发展也参差不齐，所以不同行业的 CRM 应用也就不同。但是，在客户行为分析、客户价值判断、客户细分、客户关系管理与精准营销上的基本思路是一致的。

目前 CRM 应用中，客户细分、客户获取、客户销售和客户挽回都需要大数据技术的支撑与应用。

（一）客户细分，实施精准营销

大数据技术的客户细分是 CRM 实施的前提，可以使企业在市场营销中制定正确的营销策略，通过对不同类别的客户提供有针对性的产品和服务，提高客户对企业和产品的满意度，以获取更大的利润。

客户的细分主要采用分类法和聚类法。

1. 分类法

分类法是将客户分为高价值和低价值两类，然后确定对分类有影响的因素，再将拥有相关属性的客户数据提取出来，选择合适的算法对数据进行处理，得到分类规则。

2. 聚类法

聚类法是在之前并不知道客户可以分为几类，在将数据聚类后，再对结果数据进行分析，归纳出相似性和共性。在腾讯帮助电动牙刷欧乐 B 进行大数据营销的案例中，腾讯利用相似人群扩展技术，从点击用户特征扩展到相似人群上，进一步帮助欧乐 B 确定精准的种子用户。

客户细分可以让用户从比较高的层次上来查看整个数据库中的数据，也使企业可以针对不同的客户群采取不同的营销策略，有效地利用有限的资源，也是精准营销的优势所在。

（二）获取新客户

根据企业给定的一系列客户资料及其他输入，数据挖掘工具可以建立一个"客户反应"预测模型，利用这个模型可以计算出客户对某个营销活动的反应指标。企业根据这些指标就可以知道哪些客户对企业所提供的服务感兴趣，进而帮助企业获得真正的潜在客户。

（三）利用关联分析促进交叉销售

在大数据时代，网上书店亚马逊公司利用协同过滤技术发现"你可能还会买……""买过本书的其他用户还购买了……""猜你喜欢……"的商业价值；沃尔玛也在大数据时代

发现飓风来临，蛋挞和手电筒的销量会大幅增加。这些规律和商业价值就是关联分析的重大成果，是实施商品交叉销售的技术支撑。

在交叉销售活动中，数据挖掘尤其是关联分析可以帮助企业分析出最优的销售匹配方式。通过相关性分析，数据挖掘，可以帮助分析出最优的、最合理的销售匹配。

相关分析的结果可以用在交叉销售的两个方面：一方面是对购买频率较高的商品组合，找出那些购买了组合中大部分商品的顾客，向他们推销"遗漏的"商品；另一方面是对每个顾客找出比较适用的相关规律，向他们推销对应的商品系列。

（四）客户挽回

大数据与CRM的融合更能加深对客户流失的分析，为了分析出是哪些主要因素导致客户转移，可以通过使用数据挖掘工具为已经流失的客户建模，识别导致客户转移的模式，然后找出当前客户中可能流失的客户，以便企业针对客户的需要采取相应的措施，防止客户流失，进而达到保持原有客户的目的。

综上所述，随着大数据技术的进一步发展和成熟，以及企业对基于客户数据库的客户关系管理和精准营销的青睐，大数据与CRM会相互促进发展。在大数据技术的支撑下，以客户数据库为依托的客户关系管理CRM必然在客户获取、客户细分、客户保持与销售促进、精准营销、客户服务等方面具有创新性发展的潜力和机遇。

参考文献

[1] 申雅琛 . 数字经济理论与实践 [M]. 长春：吉林人民出版社，2022.

[2] 马骏，袁东明，马源，等 . 数字经济制度创新 [M]. 北京：中国发展出版社，2022.

[3] 钱志新 . 全新数字经济 [M]. 北京：企业管理出版社，2022.

[4] 黄奇帆，朱岩，邵平 . 数字经济内涵与路径 [M]. 北京：中信出版集团股份有限公司，2022.

[5] 许正中 . 关于数字经济的答问 [M]. 北京：国家行政学院出版社，2022.

[6] 李瑞 . 数字经济建设与发展研究 [M]. 北京：中国原子能出版传媒有限公司，2022.

[7] 戚晓曜 . 区域产业发展的理论与实践 [M]. 北京：中国经济出版社，2021.

[8] 孙毅 . 数字经济学 [M]. 北京：机械工业出版社，2021.

[9] 叶开，贾朝心，黄笙发 . 产业数字经济 [M]. 北京：中国商务出版社，2021.

[10] 宋爽 . 数字经济概论分社 [M]. 天津：天津大学出版社，2021.

[11] 杜国臣，李凯 . 中国数字经济与数字化转型发展 [M]. 北京：中国商务出版社，2021.

[12] 毛丰付，娄朝晖 . 数字经济技术驱动与产业发展 [M]. 杭州：浙江工商大学出版社，2021.

[13] 鄢小兵 . 数字经济下中国产业转型升级研究 [M]. 吉林：吉林出版集团股份有限公司，2020.

[14] 张晓燕，张方明 . 数实融合：数字经济赋能传统产业转型升级 [M]. 北京：中国经济出版社，2022.

[15] 李晓钟 . 数字经济下中国产业转型升级研究 [M]. 杭州：浙江大学出版社，2018.

[16] 韩一，赵焕，李波 . 数字经济产业区块链的落地和赋能 [M]. 北京：人民出版社，2021.

[17] 顾乃华 . 战略性新兴产业发展研究 [M]. 广州：暨南大学出版社，2022.

[18] 张卫国 . 中国产业发展论 [M]. 济南：山东人民出版社，2021.

[19] 陆生堂，卫振中 . 数字经济时代下企业市场营销发展研究 [M]. 太原：山西经济出版社，2021.

[20] 朱捷，陈晓健，邢增东 . 市场营销 [M]. 成都：电子科技大学出版社，2020.

[21] 袁国宝 . 新基建数字经济重构经济增长新格局 [M]. 北京：中国经济出版社，2020.

[22] 陈玲 . 市场营销基础 [M]. 重庆：重庆大学出版社，2022.

[23] 李丹，周小波，余敏 . 现代市场营销理论与案例分析 [M]. 长春：吉林科学技术出版社，2022.

[24] 夏彦升 . 新媒体背景下市场营销模式研究 [M]. 哈尔滨：东北林业大学出版社，2022.

[25] 郭元 . 现代市场营销学 [M]. 北京：北京理工大学出版社，2021.

[26] 黎开莉，徐大佑，贾岚 . 市场营销学：4 版 [M]. 沈阳：东北财经大学出版社，2020.

[27] 王向娟，马杰，王婷婷 . 市场营销变革与创新 [M]. 吉林：吉林出版集团股份有限公司，2020.

[28] 高凤荣，于雁翎，肖红，等 . 市场营销基础与实务 [M].3 版北京：机械工业出版社，2021.

[29] 邬晓鸥，张旭祥 . 市场营销学概论 [M]. 重庆：西南大学出版社，2021.

[30] 余爱云，刘列转 . 市场营销理论与实务 [M]. 北京：北京理工大学出版社，2021.